ENTSCHULUNG MIT SCHULE:

Artikulation von Selbsttätigkeit, Selbstverantwortung und Selbstversorgung als Modus und Ertrag von „Bildung".

Eine Theorie für die Bildungssysteme Mosambiks, Deutschlands und potentiell der ganzen Welt.

Julia Gumula

Entschulung mit Schule: Artikulation von Selbsttätigkeit, Selbstverantwortung und Selbstversorgung als Modus und Ertrag von „Bildung".

Eine Theorie für die Bildungssysteme Mosambiks, Deutschlands und potentiell der ganzen Welt.

Bibliografische Information der Deutschen Nationalbibliothek:

Die Deutsche Nationalbibliothek verzeichnet diese Publikation in der Deutschen Nationalbibliografie; detaillierte bibliografische Daten sind im Internet über http://dnb.dnb.de abrufbar.

Herstellung und Verlag: BoD – Books on Demand

ISBN: 978-3-8482-1084-8

Inhaltsverzeichnis

Kurzfassung

Die vorliegende Masterthesis präsentiert den Versuch einer praktischen Konzeption einer autarken, sich selbstversorgenden Erziehungsinstitution in einem Bildungssystem am Beispiel Mosambiks. Es handelt sich hierbei ausdrücklich nicht um eine pädagogische Theorie, sondern um Artikulation eines Interventionsvorhabens, zu welchem ein Cultural Engineer fähig ist. Das entscheidende Merkmal dieser Arbeit ist das tatsächliche Vorhaben eines Tätigwerdens, welches durch theoretische Erkenntnisse aus der Systemanalyse, des Konstruktivismus und einer zivilgesellschaftlichen, professionellen Haltung heraus möglich geworden ist. Wenn Anton Makarenko der wissenschaftlichen Pädagogik Scharlatanerie vorwirft, weil diese seit Jahrhunderten keine nützliche Methode, kein Werkzeug, keine Logik, einfach nichts hervorgebracht habe[1], dann soll diese Arbeit eben einen solchen geforderten Beitrag leisten.

Ausgehend von einer Darstellung des Forschungsfeldes (das Bildungssystem Mosambiks) begründen wir unsere Zielstellung einer Entschulung mit Schule. In klarer Abgrenzung zu pessimistischen Zukunftsszenarien zeigen wir auf, dass Hoffnung besteht, denn die Ressourcen, die der Menschheit zur Verfügung stehen, lassen den Schluss einer baldigen Apokalypse nicht zu. Wir haben also sowohl die nötige Zeit, als auch die nötigen Ressourcen, um uns dann eingehend mit der Frage nach einem möglichen, wünschenswerten Umgang mit den nachwachsenden Generationen zu beschäftigen, denn es geht eben nicht darum, ihr (das der nachwachsenden) oder unser (das der bereits existierenden Generation) bloßes Überleben zu sichern. Wir stellen und beantworten die Frage, welche Art von Bildung im Sinne einer Einführung der neugeborenen Generation in unsere gemeinsam geteilte Welt man sich vorstellen könnte und begründen deren

---

[1] Makarenko 1982: 109 MA3

1

Qualität. Dabei gehen wir aus von den Aufgaben, die sich aufgrund der besonderen Bedingtheiten eines Menschen in Mosambik ergeben. Daraufhin stellen wir ein besonderes Konzept einer Zivilgesellschaft vor, die auf ihre wichtigste Bedingtheit gründet: Die Solarenergie. Mithilfe der Nutzung von Sonnenenergie wird eindrucksvoll klar, wie unabhängig, frei wollend und ermächtigend eine dezentrale Versorgung der Menschheit durch Sonnenenergie sein kann. Dazu sind einige Erkenntnisse und Erfahrungen aus Technik und Physik vonnöten. Deren Nachvollzug ermöglicht daraufhin das Skizzieren einer konkreten autarken Erziehungsinstitution, wie sie beispielsweise in Mosambik aber tendenziell in jedem anderen Land der Erde denkbar wäre. Diese spezielle Form von Selbstversorgung (nämlich energetische) regt daraufhin an, weitere Formen von Selbstversorgung zu untersuchen und sie an das Leben und das Ordnen vom Leben einer Generation und das ihrer Nachkömmlinge in einem Land wie Mosambik denkbar sind, zu adaptieren. Die Artikulation von Selbstversorgung stellt somit einen Pfeiler dessen dar, was wir in dieser Erziehungsinstitution thematisieren können. Selbsttätigkeit, welche damit einhergeht, ist eine zweite und beide gemeinsam ermöglichen in Konsequenz eine auf freiem Willen basierende Art der Selbstverantwortung. Im Anschluss daran konkretisieren wir das Konzept dieser Erziehungsinstitution und stellen deren Qualitätsmerkmale und Potentiale, da es konsequent zur Entschulung der Weltgesellschaft beiträgt, heraus. Gleichzeitig, und damit sichert diese Erziehungsinstitution ihre Nachhaltigkeit, ermächtigt sie ihre Nutzer und versetzt sie in die Lage, sich und ihre Bedingtheiten wahrzunehmen, sich selbst zu versorgen, selbst tätigt zu werden und ihre Handlungen professionell und kulturell bedeutsam selbst zu verantworten.

Abstract

Aconception of a new educational institution, which aims on deschooling a society by implementing a different way of thinking learning environment and institutions is being presented in this master thesis. When the whole humankind is able to share sensory perception and storage functions with every other person in the world via being networked, there is a significant need for still experiencing each other as individuals. In order to enable people to make their own intelligent, good choices as members of one civil world society we need to supply them with material and as many opportunities as possible in which they are able to form, think and build their own possible worlds and by doing that to build their own self. By supplying them with as many options from which they make well-founded decisions the younger generation is enabled to take the responsibility for its decisions because: Only when you have had many more possible options of action you can actually take true responsibility for these actions whereas when you have had no other choice, your actions are not truly yours and so you cannot reflect and from that learn and grow your personality. What ways of forming different learning institutions are we capable of imagining? I imagine it to be an open room, spontaneously usable space in which anyone (not children or adults but humans) can learn by interacting with one another without giving this space a predetermined objective or intended programme. People might show each other how to sustainably supply themselves by growing their own food and by building decentralized energy supply systems, how to be self-directed autonomically and in consequence how to take self-responsibility for their acts towards every other member of the world´s civil society. Creating spaces for these world´s civil citizens in which they may show each other their understanding of the world and treating children not as children but as such exact citizens is the main goal which this master thesis is aiming at.

Vorwort

Die hier zugrundeliegende Masterthesis ist am Lehrstuhl für Allgemeine Didaktik und Theorie der Schule des Instituts für Erziehungswissenschaft der Fakultät für Geistes-, Sozial- und Erziehungswissenschaften an der Otto-von-Guericke-Universität Magdeburg im Rahmen des Cultural Engineering Masterstudiengangs entstanden. Im Jahr 2009 erhielt ich die Möglichkeit, als Koordinatorin für das Double Degree Projekt des neu zu entwickelnden, mittlerweile etablierten Masterstudiengangs „Bildungssystemdesign" als Spezialisierungsrichtung des Masterstudiengangs „Bildungskulturen und Kulturenbildung" zu arbeiten. Diese Tätigkeit eröffnete mir Neuland in zweierlei Hinsicht: Auf der einen Seite beschäftigte ich mich seither intensiv mit pädagogischer und didaktischer Theorie, welche mir in diesem Umfang im Rahmen meines Cultural Engineering Studiums als sinnvolle Ergänzung erschien und auch immer mehr erscheint, auf der anderen Seite brachte die Tätigkeit als Projektkoordinatorin des Double Degrees, welcher als Kooperation mit der Pädagogischen Universität Mosambik (Universidade Pedagógica Moçambique) durchgeführt wird, das mosambikanische Bildungssystem auch während meiner beider Reisen dorthin näher. Auf diese Weise erhielt ich weiterhin Einblick in die unzureichende Energieversorgung der vor allem ländlich gelegenen Schulen und bedauerte die unmöglichen Überlegungen und auch Anstrengungen, ein elektrisches Netz auf das gesamte Land Mosambiks auszuweiten. Bereits intuitiv war mir klar, dass diese Anstrengung zum einen nicht möglich sein würde, weil die Energieverluste auf solchen immensen Strecken der Verteilung bei gleichzeitig geringer Netzdichte – denn viele Regionen Mosambiks sind sehr dünn besiedelt – viel zu hoch ausfallen würden, weil weiterhin die Kosten ein so armes Land wie Mosambik nicht würde aufbringen können, was wiederum von Fremdinvestoren abhängig machen würde und dass diese Anstrengungen in der Industrialisierung der sogenannten ersten Welt ihr Vorbild hätten. Daraufhin beschäftigte ich mich intensiv mit der Unsinnigkeit dieser Vorbildfunktion Europas und Nordamerikas, aber auch Südamerikas nicht nur im Hinblick auf industrielle und wirtschaftliche Entwicklungen sondern nahm auch andere gesellschaftliche Funktionssysteme in den Blick wie z.B. medizinische Versorgung als auch Bildung. Als Cultural Engineer verfügte ich über die nötige Kenntnis und die nötige Haltung, eine neue Art von Bildungs-, Lebens- und Energieinstitution zu denken, welche auf Selbstversorgung und Selbsttätigkeit basiert und den Menschen befähigt, selbstverantwortlich mit seinem Tun zu wachsen und reflektierend daraus zu lernen. Diese Institution soll gleichzeitig Begegnungsstätte lokaler Gemeinschaften sein. In Interaktion mit seinen Mitmenschen und seiner Welt der Dinge und Gedanken möge jeder Mensch sein ihm eigenes Denken erlernen und erproben, möge seine Erkenntnisse zum Anlass nehmen, die Welt der Dinge und Gedanken nach seinem Willen zu analysieren und möglicherweise zu verändern. Um dabei nicht der Versuchung zu erliegen, der nachwachsenden Generation *unsere* Vorstellung vom Gut-Sein der Welt, wie wir sie gedacht und gewollt haben, aufzuzwingen, entwickelte sich in mir die Vorstellung, den nachwachsenden Menschen vertrauensvoll entgegenzutreten, eine wohltätig interpretierende[2] Haltung einzunehmen und entgegen der mir selbst zuteil gewordenen Schulbildung eine andere Art von Bildung – nämlich die des selbsttätigen und selbstversorgten Lebens, des Zusammendenkens und freien Wollens, des durchdachten und gewollten Handelns und der aus Reflektion entstehenden Ausbildung einer zivilgesellschaftlichen Haltung – zu konstruieren und konzeptualisieren. Die hier vorgestellte Masterthesis ist das Ergebnis dieser Überlegungen.

Während dieses Vorwort meine persönlichen Erfahrungen und meine Motivation für diese Thesis darlegt, sind alle folgenden Kapitel nicht mehr auf mich als Per-

---

[2] Franck 2007: 248

son bezogen, sondern auf uns als Gesellschaft, als Menschen in Interaktion. Aus diesem Grund verwende ich von nun an nicht mehr die Perspektive der ersten Person Singular „ich", sondern die der ersten Person Plural „wir". Ich gehe davon aus, dass Vorstellungen, die wir uns von der Welt machen, nicht allein passieren, sondern dass es immer mindestens einen zweiten Menschen braucht, mit ich interagieren kann, dem ich meine Konstruktion von Welt zeige, mit dem ich Gewordenheit von Welt rekonstruiere und mit dem ich Welt neu konzipiere. Allein aus dieser Überzeugung heraus verwende ich im Folgenden ausschließlich die Wir-Perspektive.

1 Über das Bildungssystem Mosambiks als ein Funktionssystem der Gesellschaft – Systemanalytische Betrachtungen

Bevor wir uns der Analyse des Forschungsfeldes, welches wir unseren Überlegungen zur Gestaltung einer neuen, anderen Form von Erziehungsinstitution beispielhaft zugrunde gelegt haben, zuwenden können, bedarf es eines gemeinsamen Verständnisses der grundlegenden Begrifflichkeiten, welche im Folgenden erläutert werden. Bildungssysteme verstehen wir als vom Menschen erschaffene Systeme, welche bestimmte Funktionen erfüllen, um einem bestimmten Zweck – nämlich der Erziehung von nachfolgenden Generationen – zu dienen. Ihrem Aspekt des Erschaffen-Seins kommt eine wichtige Bedeutung zu, denn man hat erkannt, dass daraus Kontingenz resultiert, welche wir nach Luhmann als „etwas, was weder notwendig ist noch unmöglich ist [verstehen]; was also so, wie es ist (war, sein wird), sein kann, aber auch anders möglich ist. Der Begriff bezeichnet mithin Gegebenes (zu Erfahrendes, Erwartetes, Gedachtes, Phantasiertes) im Hinblick auf mögliches Anderssein; er bezeichnet Gegenstände im Horizont möglicher Abwandlungen."[3] Systeme – und in unserem Fall Bildungssysteme – sind erschaffene Realitäten, die wir zwar tatsächlich vorfinden, aber deren immanente Kontingenz uns gleichermaßen dazu anregen möge, ihr mögliches Anderssein mit in den Blick zu nehmen und zu dessen Artikulation zu bedenken.

Ein System, dessen spezifische Funktion die Erziehung der nachwachsenden Generation ist, kann sein Dasein nur aus der Abgrenzung zu anderen gesellschaftlichen Systemen, die wiederum andere Funktionen erfüllen (z.B. Wirtschafts-, Politik-, Gesundheits- und Sozialsystem), als auch aus der Abgrenzung zum übergeordneten

---

[3] Niklas Luhmann: Soziale Systeme, 1987: 152

Makrosystem (der Gesellschaft) begründen. Die Gesellschaft als das das Bildungssystem umfassende System besteht aus dem gleichzeitigen Existieren von Menschen, welche sich gegenseitig als Menschen erkennen, aber dabei als Individuen unterscheidbar sind. Da also, und diese Unterschiede stellen eine große Herausforderung an die Funktionserfüllung des Bildungssystems dar, der nachwachsende Mensch sich einerseits in die Gesellschaft der ihn umgebenden bereits vorhandenen Menschen integrieren lernen muss, damit er deren Sprache, Geschichten, Werte, Visionen teilen kann, und gleichzeitig aber als Individuum von jedem anderen Menschen darin unterschiedlich ist und sein möchte, weil er sich selbst als zu unterscheiden wahrnimmt, erhält das Bilden und Erziehen von Menschen seine Daseinsberechtigung. Ob aber eine institutionalisierte Form – nämlich die Ausdifferenzierung eines auf diese Funktion spezialisierten Systems – nötig war und ist, bleibt zu bedenken und ist aufgrund der Kontingenz menschlicher Entscheidungen eine bereits beantwortete Frage. Wie können wir uns nun aber die mögliche Umwelt des Bildungssystems konkret in Mosambik vorstellen? Was wir über Mosambik wissen können, ist, dass es ein im Südosten des Kontinents Afrika gelegenes Land ist, welches bis 1975 eine Kolonie unter der Führung Portugals war, seit der Unabhängigkeit bis 1993 einen Bürgerkrieg erlitt und erst seitdem nach einer stabilen Verwaltung und nach ökonomischem Fortschritt streben kann. Die Besonderheit der Zusammensetzung seiner Bevölkerung ist seine Diversität: zehn Volksgruppen, aus verschiedenen afrikanischen Stämmen hervorgegangen, bilden die Gesellschaft. Das Portugiesische ist offizielle Landessprache und lingua franca, wird aber vom Großteil der Bevölkerung gar nicht verstanden, während von mindestens 40 autonomen Sprachen und Dialekten (bspw. Makhuwa als von ca. 40 % der Bevölkerung gesprochene Sprache) ausgegangen wird.[4] Über das Funktionssystem Wirtschaft Mosambiks wissen wir, dass

---

[4] Vgl. Reuter et Castiano 1995: 6

es das Land zu den monetär ärmsten Ländern der Welt zählen lässt, jedoch kann man dieses Land als reich an natürlichen Ressourcen bezeichnen. Wasserkraft, Steinkohle, Gas und Öl gehören zu den wichtigsten Energieträgern.[5]

Nachdem wir das Bildungssystem vom ihm umgebenden System der Gesellschaft, welches wiederum von der Umwelt umgeben ist, abgegrenzt haben, folgt nun die Analyse der das System nach innen formierenden Eigenschaften: die Prozesse, welche das System konstituieren und (meist, aber nicht immer) seiner Funktionserfüllung dienen, seine logische Organisation und seine Struktur. Das Mosambikanische Bildungssystem gliedert sich formal in fünf Subsysteme: Allgemeinbildung, Erwachsenenbildung, beruflich-technische Bildung, Lehrerbildung und Hochschulbildung. Das Politische System hat ein Gesetz zur siebenjährigen Schulpflicht erlassen, was wiederum wirtschaftlich bedeutet, dass dieser Schulbesuch (im Alter von sieben bis vierzehn Jahren) prinzipiell unentgeltlich ist. Das Subsystem Allgemeinbildung wird „Subsistema de Educação geral" genannt, es gliedert sich in drei Stufen verteilt auf zwölf Jahrgänge und beinhaltet auch Vorschuleinrichtungen wie Krippen und Kindergärten. Die „Ensino Primario" beherbergt Sieben- bis Vierzehnjährige in den Klassen eins bis fünf (Primarstufe 1, im Folgenden EP1 genannt) und sechs bis sieben (Primarstufe 2, im Folgenden EP2 genannt). Die „Ensino Secundário Geral" bildet 14- bis 17-Jährige in den Klassen acht bis zehn aus und die „Ensino Pré-Universitário" 17- bis 19-Jährige in den Klassen elf und zwölf. Im Jahre 1992 zählten Castiano und Reuter 3354 Einrichtungen der EP1 mit 22.182 darin beschäftigten Lehrern, 175 Institutionen der EP2 mit 2744 Lehrern, 42 Schulen der ESG mit 743 dort arbeitenden Lehrern und sieben Einrichtungen zur Ausbildung in der Ensino Pré-Universitário mit 127 Lehrern.[6] Über das Subsystem „Er-

---

5 Vgl. ebd.: 9
6 Vgl. ebd.: 11

wachsenenbildung" (Subsistema Educação de Altudos, im Folgenden SSEA genannt) weiß man, dass es Personen über 15 Jahre beherbergt. Seine Funktion dient dem Zweck der Alphabetisierung und Vermittlung allgemeinbildender Schulabschlüsse und ist eng mit dem Subsystem der Allgemeinbildung verknüpft.[7] „Subsistema Educação Ténico-Profissional" heißt das Subsystem der Berufsbildung und baut auf drei Stufen auf: Wenn Jugendliche nur den Abschluss der EP1 vorweisen können, ist für sie eine ein-, zwei- oder dreijährige Berufsbildung vorgesehen. Von dieser Schule gab es 1995 nur eine mit zehn Lehrkräften. Mit Abschluss der EP2 erhalten Jugendliche die Möglichkeit des Zugangs zu einer dreijährigen Berufsbildung („Ensino basico") an kaufmännischen, technischen und landwirtschaftlichen Schulen. Vor fünfzehn Jahren gab es in Mosambik 24 solcher Schulen mit 640 Lehrern. Die dritte Stufe der Berufsbildung wird „Ensino médio" genannt und richtet sich an die Absolventen der zehnten Klasse. Drei- bis vierjährige Ausbildungen im Bereich Land- und Forstwirtschaft, Fischerei, Handel, Industrie und Bergbau werden angeboten. 1995 gab es 33 dieser Schulen. Innerbetriebliche Ausbildung ist bis dato unbekannt gewesen.[8] Das Subsystem der Lehrerbildung („Subsistema Formação de Professores") baut auf Bildungseinrichtungen für Unterstufenlehrer, Institute für mittlere Pädagogik und das höhere Institut für Pädagogik nämlich die Pädagogische Universität Mosambik („Universidade Pedagógica Moçambique") auf.[9] Castiano und Reuter nennen in ihrem Bericht über das Bildungssystem Mosambiks eine Studierendenzahl von 1400 an der UP, von denen jedoch 90 % der Absolventen in anderen Berufsfeldern tätig werden als der Bildung.[10] Das Hochschulbildungssystem Mosambiks stützt sich auf zwei im internationalen Sinne universitäre Einrichtungen: die

---

[7] Vgl. ebd.: 13
[8] Vgl. ebd.
[9] Vgl. ebd.: 14
[10] Vgl. ebd.: 15

uns bekannte UP und die Universität Eduardo Mondlane. Diese zwei, plus das Institut für Entwicklung und Erziehung (INDE) und das Institut für Lehrerfortbildung werden allesamt aus dem Staatshaushalt finanziert und nicht aus dem Etat des Bildungsministeriums (MINED), somit sind sie finanziell und administrativ weitgehend selbstständig.[11]

Zum jetzigen Zeitpunkt haben wir demnach das System der Bildung von seiner Umwelt der Gesellschaft abgegrenzt, und haben weiterhin seine Subsysteme benannt und beschrieben. Dass jedoch ein System als Ganzes immer mehr als die Summe seiner Teile ist, und das möglicherweise gerade aus diesem übergeordneten Handeln und Sein von Systemen besonders wichtige Erkenntnisse zu gewinnen sind, können wir beinahe als Common Sense voraussetzen. Dieses „Mehr", sein Makro-Zusammenspiel mit z.B. anderen Funktionssystemen, bezeichnen wir als Synergie. Zu diesen anderen Funktionssystemen der Gesellschaft gehören u.a. das Politische System, das Wirtschaftssystem, das Gesundheitssystem oder das Kultursystem. Alle stehen in einem gemeinsamen Kommunikationsverhältnis. Niklas Luhmann, als Differenztheoretiker, wie man ihn bezeichnen könnte, hat deutlich gemacht, dass Systeme untereinander und in Abgrenzung zu ihrer Umwelt durch eine bestimmte Operation unterschieden/differenziert werden können und hat Kommunikation als das ein System konstituierende Moment identifiziert. Seine Leitfrage hieß: „welche Operation [ein] System produziert und reproduziert, wenn immer sie vorkommt. Die Antwort [...] lautet: Kommunikation."[12] Während es uns sehr leicht fällt, lebende Systeme voneinander zu unterscheiden, die ebenfalls miteinander kommunizieren, ist eine genaue Abgrenzung zwischen den Funktionssystemen einer Gesellschaft nicht ohne Weiteres möglich. Gerade da, wo Anforderungen an spätere Arbeitskräfte oder im Produktionsprozess gene-

---

[11] Vgl. ebd.: 17
[12] Vgl. Luhmann 1997: 13

riertes Wissen auf das Bildungssystem Einfluss nehmen, oder wo gesundheitliche Aufklärung und infrastrukturelle Herausforderungen aufgrund von Krankheiten die Bildung verändern, ist eine Trennung von Wirtschaftssystem, Gesundheitssystem und Bildungssystem ein zu durchdenkendes Unterfangen. Auch hier kennt Luhmann eine mögliche Antwort, indem er sinnhaft operierende Systeme (wie die Funktionssysteme der Gesellschaft) von lebenden Systemen unterscheidet:

Bei lebenden Systemen, also bei einer autopoietischen Organisation von Molekülen im Raum, kann man noch von räumlichen Grenzen sprechen. [...] Diese Form von Grenze (die natürlich nur für einen externen Beobachter sichtbar ist und im System einfach nur lebt) entfällt bei Systemen, die im Medium Sinn operieren. Diese Systeme sind überhaupt nicht im Raum begrenzt, sondern haben eine völlig andere, nämlich rein interne Form von Grenze. Es gilt erst recht für das Kommunikationssystem Gesellschaft, wie seit der Erfindung der Schrift oder spätestens seit der Erfindung des Telefons evident ist. Die Grenze dieses Systems wird in jeder einzelnen Kommunikation produziert und reproduziert, indem die Kommunikation sich als Kommunikation im Netzwerk systemeigener Operationen bestimmt und dabei keinerlei physische, chemische, neurophysiologische Komponenten aufnimmt. Jede Operation trägt, anders gesagt, zur laufenden Ausdifferenzierung des Systems bei und kann anders ihre eigene Einheit nicht gewinnen.[13]

Nun stellt sich zwangsläufig die Frage, wie ein Kommunikations*verhältnis* zwischen Systemen dann überhaupt möglich ist, wenn doch Kommunikation als Operation immer nur systemintern für Ausdifferenzierung und Gestaltung sorgt (Luhmann verwendet für dieses Phänomen den Begriff der „operativen Geschlossenheit."[14]). Kommunikation zwischen den Systemen würde ja bedeuten, dass diese doch nicht voneinander getrennt sondern eins wären. Luhmanns Antwort darauf, dass Systeme immer

---

[13] Ebd.: 76
[14] Ebd.: 92 ff.

operativ geschlossen sind und dennoch gegenseitigen Einfluss haben (wie die oben gennannten Beispiele vom Gesundheitssystem und Wirtschaftssystem belegen) lautet: strukturelle Kopplung.[15] Unser Verständnis von strukturellen Kopplungen definiert sie als Repräsentanten von Operationen systemfremder Systeme. Wenn also nicht systemeigene Kommunikationsoperationen geschehen, werden diese systemintern repräsentiert und zur Kenntnis genommen oder nicht. Durch die oben genannte operative Geschlossenheit passieren nicht dieselben Kommunikationen in beiden oder mehr Systemen gleichzeitig. Jedes operiert für sich, jedoch finden diese Operationen im anderen System eine Art Wiederhall oder Übersetzung – das eine System irritiert die Umwelt oder das andere System mithilfe seiner eigenen, nur ihm eigenen Strukturen. Diese Strukturen gibt es so im anderen System oder der Umwelt nicht, aber diese regen etwas (nämlich die Strukturen des anderen Systems oder der Umwelt) an, wobei diese, wir halten diese Metapher für sinnvoll, Art Übersetzung stattfindet. Sobald wir Luhmanns Argumentation folgen, wird schon jetzt klar, dass eine direkte Intervention in das Bildungssystem Mosambiks oder jedes Landes nicht möglich ist, da wir ihm zum einen nicht angehören und zum anderen es sich durch seine operative Geschlossenheit unseren Eingriffen entzieht. Was wir kommunizieren könnten, würde in ihm fern unserer Erklärungen zu etwas übersetzt werden, was wir nicht verstehen und es würde auch nicht zum Verständnis beitragen, welches das fremde Bildungssystem von unseren Kommunikationen haben könnte. Irritation im doppelten Sinne wäre die Folge.[16] Wie aber haben wir

---

[15] Vgl. ebd.: 100

[16] Luhmanns und Buckminster Fullers Systemverständnisse haben mir bereits für eine Systemanalyse während des Studiums als Beiträge gedient. Damals handelte es sich um den Gensaat produzierenden Agrarkonzern Monsanto. Monsanto und dessen Interventionen in das natürliche System unterscheiden sich auf der einen Seite vehement von dem hier zugrundeliegenden Forschungsobjekt: Bildungssystem; auf der anderen Seite zeigen aber eben die Beiträge von Luhmann und Buckminster Fuller, dass prinzipiell jedes

denn nun überhaupt eine Chance, ein kontingentes Funktionssystem zu intervenieren, zu verändern, denn darin besteht ja das eigentliche Ziel dieser Arbeit? Ein gangbarer Weg wäre der der Spiegelung des Erziehungssystems, weil er die systeminterne Kommunikation repräsentieren kann und somit das System zu Anpassungen führt, die es selbst vollführt, weil es sich selbst im Spiegel erkennt. Nun gilt es, die Metapher der Spiegelung in die Systemrealität zu integrieren. Wie kann das geschehen? Durch Rekonstruktion des systemeigenen Codes. Wenn wir den Code des Systems, der ihn konstituiert und seiner Funktionserfüllung dient, verstehen und unser Verständnis dem System spiegeln können, hat es im System verbleibende Kommunikation als Operation gegeben, auf die das System zu reagieren angeregt ist. Wieder können wir Luhmann zu dieser Aufgabe heranziehen, der in einem anderen Beitrag über die Ökologische Kommunikation auf den Code des Erziehungssystems eingeht:

> *Die Codierung des Erziehungssystems schließt an seine Selektionsfunktion an. Nur hier gibt es jene künstliche Zweiwertigkeit, die einen Code auszeichnet. Man kann gut oder schlecht abschneiden, gelobt oder getadelt werden, bessere oder schlechtere Zensuren erhalten, versetzt werden oder nicht versetzt werden, zu weiterführenden Kursen oder Schulen zugelassen oder nicht zugelassen werden und schließlich Abschlußzeugnisse erhalten oder nicht erhalten. Hin und wieder lässt diese Zweiwertigkeit sich in Skalen auflösen, aber auch dann fungiert sie im Vergleich (sei es zeitlich für dieselbe Person, sei es sozial im Verhältnis zu anderen) wieder als Zweiwertigkeit im Sinne von besser oder schlechter.[17]*

Auf der anderen Seite weisen Systeme immer spezifische Programme bzw. Programmatiken auf. Diese sind der zweite Baustein, auf denen auch ein Erziehungssystem aufbaut:

System, wenn es als ein solches abgrenzbar ist, ihren Ausführungen entspricht.

[17] Luhmann 2004: 195

Die Programme des Systems haben es dagegen mit den Inhalten zu tun, die gelernt werden sollen, oder sie beschreiben die Zustände der Personen oder ihre Fähigkeiten, die als Ergebnis von Erziehungsbemühungen erwartet werden. Über Programme ist das Erziehungssystem an gesellschaftliche Anforderungen angeschlossen [...][18]

Denkt man Code und Programmatik des Erziehungssystems zusammen, wird klar, dass Inhalte jedweder Art in erster Linie ihren Wert nicht nach ihrer Bedeutung für das individuelle Wissen des Menschen erhalten, obwohl das System dies gerne als seine Aufgabe postuliert, sondern dass Inhalte einen „Karrierewert"[19] haben, der einem Inhalt zukommt, sobald dieser Eingang in das Programm des Erziehungssystem gefunden hat. Welche Konsequenzen haben die Ausdifferenzierung von Programm und Codierung des Erziehungssystems Luhmann zufolge auf die Erziehung des Menschen?

Geht man von dieser Dominanz der Codierung aus, wird zugleich einsichtig, daß und wie die Karrierestruktur, die der Selektion innerhalb und außerhalb der Schule zugrunde liegt, gesellschaftlichen Problemdruck in die Schule zurücktransportiert. Man mag dies in der Schule als ‚Leistungsstreß' registrieren oder auch als schleichende Entmutigung und Hoffnungslosigkeit angesichts der Unsicherheit, später aufgrund der Schulleistungen eine gewünschte Arbeit zu finden. Bei unsicheren Berufsperspektiven werden Leistungsanforderungen und Entmutigungen zugleich zunehmen, wenn deutlich wird, daß man nur bei besonderen Leistungen Zukunftsaussichten hat und auch dies nicht sicher ist. Es ist sehr die Frage, ob man solche, über den Selektionscode in das System eingegangenen Einstellungsprägungen auf der Ebene der Programme, zum Beispiel durch eine bessere Abstimmung von Interessen und Lehrplänen, wirksam ausgleichen kann.[20]

---

[18] Ebd.: 196
[19] Ebd.
[20] Ebd.: 198 f. (Herv. i. O.)

Der binäre Code der Schule ist, so viel haben wir aus der Analyse des Erziehungssystems mit Luhmanns Hilfe bereits ersehen können, nicht zweckmäßig, weil er den Inhalten des schulischen Programms einen Karrierewert zuschreibt, der die Bedeutung der Inhalte für das Wissen oder das Sich-Bilden des Individuums in den Hintergrund drängt. Zwei wichtige Erkenntnisse haben wir gewonnen: nämlich, dass zum einen der binäre Code dem Erziehungssystem als Spiegelung kommuniziert werden kann in Form von „zweckmäßig oder nicht"/„gelungen ausdifferenziert oder nicht"/„bildungsfördernd oder -hinderlich" und zum anderen die Schule in ihrer Konstruiertheit ebenfalls einer Kontingenzgeschichte unterliegt. Unsere Intervention wird also kein Dazwischentreten sein, sondern das Spiegeln des binären Codes gegenüber dem System. Wir argumentieren, warum die Ausdifferenzierung des Erziehungssystem zweckmäßig ist oder nicht, warum die Aufgabe der Bildung von Menschen gelöst wird oder nicht etc. Beide Erkenntnisse (Spiegelung des binären Codes als Intervention und Kontingenzgeschichte von Schule) werden zu einem späteren Zeitpunkt einer Neu-Konstruktion von Erziehungsprogrammatik dienen (Kapitel 4 und 5).

Nun ist es spannend zu sehen, was passiert, wenn wir einer weiteren Argumentation als der Luhmanns folgen und einen anderen Blickwinkel auf das System wählen. Buckminster Fuller nämlich betont, dass es nicht nur Verhalten zwischen den Teilen eines Systems gibt – eine Annahme, die im Blickpunkt unserer Analyse liegt – sondern, dass sich Systeme als Ganzes verhalten – Synergie genannt. Bereits oben haben wir den Begriff der Synergie als das gemeinsame Verhalten der Teile eines Systems verwendet. Vielleicht haben wir dabei nicht „makro"/nicht groß genug angesetzt.

Wenn wir etwas erreichen wollen, dann müssen wir versuchen, auf die zugleich großzügigste und minuziös schärfste Art zu denken, die uns der Intellekt und die bisher aus Erfahrung gewonnene Information möglich machen. Wissen wir und können wir mit angemessener Genauigkeit sagen, was wir unter dem Universum verstehen? Schließlich ist das Universum per definitionem das größte System. Wenn wir mit dem Universum anfangen, könnten wir automatisch der Gefahr entgehen, irgendwelche strategisch entscheidenden Variablen zu vergessen. Noch finden wir nichts aufgezeichnet, was man als brauchbare Definition des Universums ansehen könnte, die wissenschaftlich haltbar und komprehensiv genug wäre, um die nichtsimultanen und sich nur teilweise überlappenden, mikro-makro und metaphysischen, omnikomplementären, aber nichtidentischen Ereignisse zu fassen. [...]Das physische Universum assoziativer und dissoziativer Energie wurde als abgeschlossenes, aber nichtsimultanes System erkannt, wobei die unabhängig voneinander verlaufenden Ereignisse mathematisch messbar sind, das heißt wägbar und in Gleichungen darstellbar. [...] Das Universum ist das Aggregat der von der gesamten Menschheit bewusst gemachten und kommunizierten Erfahrung mit den nichtsimultanen, nichtidentischen und nur partiell sich überlappenden, immer komplementären, wägbaren und unwägbaren, jederzeit omnitransformierenden Ereignissequenzen.[21]

Noch mag nicht ganz klar sein, was Buckminster Fullers Verständnis vom größten fassbaren System – dem Universum für unsere Bildungssystemrekonstruktion beitragen kann. Wenn wir nun aber noch einmal auf den oben bereits angedeuteten Synergiebegriff zurückkehren und diesen als das Verhalten ganzer Systeme verstehen, welches nicht aus der Beobachtung ihrer Einzelteile erschließbar wäre, wie wir es beim ersten Synergiebegriff irrigerweise annahmen, wird deutlich, um wie viel größer wir tatsächlich denken sollten. Dazu bedarf es zuerst des Nachvollzugs vom Begriff der Synergie nach Buckminster Fuller:

Synergie ist der einzige Begriff in unserer Sprache, der das Verhalten ganzer Systeme kennzeichnet, das nicht aus den getrennt beobachteten Verhaltensweisen irgendwelcher separater Systemteile oder irgendwelcher Untergruppen von Systemteilen bestimmt werden kann.[...] Da Synergie das einzige

---

21 Buckminster Fuller 2008: 55 ff.

Wort in unserer Sprache ist, welches das nicht vom Verhalten der Teile bestimmte Verhalten von Ganzheiten ausdrückt, denkt die Gesellschaft gar nicht daran, dass es ein Verhalten ganzer Systeme gibt, das nicht von ihren separaten Teilen bestimmt wird. Das bedeutet, dass die von der Gesellschaft formal akkreditierten Gedanken und die Art, andere zu akkreditieren, in ziemlichem Widerspruch zu den nichtkonzeptuellen Qualitäten des Szenarios >Universale Evolution< stehen. [...] Es gibt einen Satz der Synergie, welcher besagt, dass das bekannte Verhalten des Ganzen und das bekannte Verhalten weniger Teile oft die Entdeckung von Werten der übrigen Teile möglich macht, so wie die bekannte Summe der Winkel eines Dreiecks plus dem bekannten Verhalten dreier seiner sechs Teile die Berechnung der anderen ermöglicht. Die Topologie liefert die synergischen Mittel zur Bestimmung der Werte eines jeden Systems von Erfahrungen.[22]

Mit diesem Beitrag stellt Buckminster Fuller uns eine beachtenswerte Aufgabe, denn wenn wir dieser Argumentation folgen, haben wir bisher zu beschränkt gedacht, indem wir das Bildungssystem Mosambiks nach außen von seiner es umgebenden gesellschaftlichen Umwelt abgegrenzt und nach innen seine Funktionen und die diese ausführenden Subsysteme dargestellt haben. Basierend auf seinen Ausführungen bedarf es vielmehr einer makrosphärischen Perspektive auf unsere Welt, nicht umsonst wählte der Autor diesen prägnanten Titel als er eine „Bedienungsanleitung für das Raumschiff Erde" verfasste. Dieses Raumschiff Erde im Allgemeinen und die Lebensbedingungen, die es seinen Bewohnern bereithält, aufgrund derer sich ja überhaupt erst die spezifischen Herausforderungen an ein Heranwachsen von nachfolgenden Generationen auf der einen Seite und ein in die Welt-Führen dieser durch die sie willkommen heißende alte Generation entwickeln, wird Gegenstand der folgenden Ausführungen sein. Setzen wir also im Sinne Buckminster Fullers so groß/so makro wie möglich an.

---

[22] Ebd.: 63 ff.

2 Wie sich die Lebensbedingungen auf dem Raumschiff Erde entwickeln und Gründe zur Hoffnung

Synergie ist das Wesentliche. Nur unter den Belastungen totaler gesellschaftlicher Ausnahmezustände kommen die adäquat wirksamen Alternativen technischer Strategien synergetisch zum Vorschein – wie bisher vom Menschen demonstriert. Hier sind wir Zeugen, wie der Geist über die Materie siegt und wie die Flucht der Menschheit aus den Grenzen ihrer ausschließlichen Identität mit einer souveränisierten, begrenzten geographischen Lokalität stattfindet.[23]

Wir beginnen das folgende Kapitel wiederum mit einem Zitat Buckminster Fullers, weil es einen besonderen Zustand von Erkenntnis beschreibt, welchen die Menschen vielerorts bereits erreicht haben, anderenorts ihm noch entgegen streben. Die Rede ist von der Erkenntnis, dass sich die Bedingungen des Lebens auf der Erde nicht drastisch verschlechtern oder gar ein Leben unmöglich machen werden, obwohl in der Vergangenheit (auch jüngsten) im Umwelt- und Klimadiskurs, im Diskurs der Wirtschaft und Produktionsfaktoren zahlreiche pessimistische Zukunftsszenarien über die Entwicklung menschlicher Lebensgrundlagen gestaltet und beschrieben worden sind. Selbst Buckminster Fuller mahnt in seinem Buch, dass die Zeit des naiven Probierens und Lernens von Irrtum oder Gelingen, in denen die Handlungen der Menschen keine nachhaltigen zerstörerischen Folgen hatten, vorbei seien, und doch haben wir auch ihm zufolge Grund zur Hoffnung, dass sich diese pessimistischen Vorstellun-

---

[23] Ebd.: 89

gen von einer möglichen Zukunft nicht realisieren werden[24].

> *Das Bild, das ich mir von der Menschheit heute mache, zeigt, wie wir gerade dabei sind, aus den Bruchstücken unserer erst vor einer Sekunde zerbrochenen Eierschale heraus zu steigen. Unsere naive, Versuch-und-Irrtum-gestützte Ernährung ist am Ende. Wir werden mit einer ganz neuen Beziehung zum Universum konfrontiert. Uns bleibt jetzt nur, die Flügel unseres Intellekts auszuspannen und zu fliegen oder unterzugehen, das heißt, wir müssen sofort wagen zu fliegen, und zwar nicht nach den Faustregeln falsch konditionierter Reflexe von gestern, sondern auf der Grundlage der allgemeinen Prinzipien, die das Universum regieren. Und sobald wir den Versuch machen, kompetent zu denken, fangen wir sofort wieder an, uns unseres angeborenen Triebes zum komprehensiven Verstehen zu bedienen[25].*

Ein dramatischer Beleg dafür, dass die Menschen am Ende ihrer Versuch-Irrtum-gestützten Ernährung sind und sich nun mehr und mehr antizipativ der Folgen ihrer Handlungen und Haltungen bewusst sein sollten, stellt die Katastrophe in Japan aufgrund eines Erdbebens vor dessen Nordostküste dar. Nicht das Erdbeben an sich ist hierbei die größte Katastrophe sondern die Handlungsunfähigkeit im Nachhinein, die mit den Unfällen und Problemen in den Atomkraftwerken einherging. Japans Bevölkerung hat sich im Laufe seiner Geschichte den geografischen Bedingungen angepasst – die Bilder von wankenden, aber standhaltenden Hochhäusern und die Vorbereitung der Menschen auf solche Erdbeben sprechen für diese Angepasstheit an ihre Lebensbedingungen. Es sind die im Augenblick schier unlösbaren Probleme, die mit dem Ausfall der Kühlungen in den Reaktoren der zahlreichen Atomkraftwerke drohen, die unsere besondere Aufmerksamkeit verdienen. Hat man im durch Buckminster Fuller geprägten Sinne „komprehensiv" gedacht, als man diese Atommeiler an die Küste Japans baute, wo

---

[24] Ebd.: 53
[25] Ebd.

– das konnte man wissen und wusste es auch – die eurasische Platte und die pazifische Platte aufeinandertreffen? Man hatte das nötige Wissen über die Erzeugung von Energie aus radioaktiven Elementen und wie man dieses nutzbar machen konnte – die Technologie hierfür heißt kontrollierte Kernspaltung. Man hatte auch das nötige Wissen von den geografischen Besonderheiten dieser tektonischen Plattenkonstellation, aufgrund derer sich erdbebensichere Bauweisen, Schutzübungen und ein besonderes Rettungspaket für Notfälle etabliert haben. Möglicherweise hätten und hatten die Japaner aufgrund ihrer guten Vorbereitung auf diese Erdbebensituationen weniger Opferzahlen zu beklagen, jedoch konnten aufgrund der andauernden Gefahr eines atomaren Supergaus in mehr als einem Atomkraftwerk im Krisengebiet nicht alle möglich verfügbaren Kräfte zur Rettung der Überlebenden gebündelt werden, weil ein nicht unerheblicher Teil dieser Kräfte eine weitere Katastrophe zu verhindern suchte. Nun bedarf es bei diesen Überlegungen auch immer des mit-in-Rechnung-Stellens von über-/gelieferter Realität. Weil wir die Geschehnisse in Japan aufgrund von räumlicher Distanz nicht selbst wahrnehmen können, sind wir auf die Medien angewiesen, die uns diese übermitteln. Dabei passieren Verluste/Hinzufügungen/Filter/Fokussierungen etc. Was wir sehen, ist nicht die Situation, wie sie ist, sondern etwas Gemachtes. Nicht umsonst widersprechen sich zahlreiche Statements von Politikern, Regierungssprechern, Experten, Reportern und Augenzeugen etc. Gerade aus der Konsumierung dieser vorgesetzten, verzerrten Realität heraus entsteht in unseren Augen Grund zur Hoffnung, weil wir nämlich wissen können, dass wir systematisch mit einem Überschuss negativer Nachrichten konfrontiert werden.[26] Daraus ergeben sich zweierlei Imperative: Informationen darüber generieren, was wir mit Sicherheit wissen können und eine intellektuelle, hinterfragende Haltung dessen, was wir als „Realität" konsumieren.

---

[26] Vgl. Lomborg, 2002: 62

Björn Lomborg behauptet, über eben dieses sichere Wissen zu verfügen und hat es in seinem Beitrag „Apocalypse No! – Wie sich die menschlichen Lebensgrundlagen wirklich entwickeln", zusammengefasst. Dabei stützt er seine Behauptung auf die Verwendung zahlreicher, voneinander unabhängiger Quellen. Warum ausgerechnet er nun das bessere Medium, der bessere Lieferant von vorgefertigten Erkenntnissen sein soll, ist schnell zu begründen: Wir setzen auf die spezifische Haltung, die Björn Lomborg eingenommen hat. Er weiß um die Aufsplitterung unserer Welterfahrungen und um problemorientierte Forschung, fokussierte Empirie etc., was dazu führt, dass die Lage der Welt tendenziell negativ dargestellt und aufgefasst wird.[27] Vertrauensvoll folgen wir also seinen Ausführungen über die menschlichen Lebensgrundlagen auf der Erde.

Wie gut oder schlecht es um das Leben der Menschen bestellt ist, versuchen wir beispielsweise aus der Entwicklung der Lebenserwartung zu lesen. Insgesamt hat sich die Lebenserwartung in den vergangen 100 Jahren verdoppelt[28], jedoch lag diese in Mosambik bei nur 47,9 Jahren[29] in 2008. Zurückzuführen ist diese geringe Zahl auf die Aids-Epidemie, da hiervon besonders auch Kinder und Jugendliche betroffen sind, deren Tode einen enormen statistischen Einfluss auf die zu erwartenden Lebensjahre haben. Wie es um die Versorgung der Weltbevölkerung mit Nahrungsmitteln bestellt ist, belegen laut Lomborg folgende Zahlen: pro-Kopf haben wir heute 23 % mehr Nahrung zur Verfügung als 1961, in den Entwicklungsländern sogar 52 % mehr. Auch der Fleischverzehr pro-Kopf stieg um 122 % von 17,2 kg/ano in 1950 auf 38,4 kg/ano in 2000, und obwohl eine so große Nachfrage an Nahrungsmitteln vorherrscht, sind die Nahrungsmittelpreise von 1957 bis 2001 um zwei Drittel gesunken.[30] Wa-

[27] Vgl. ebd.: 61

[28] Vgl. ebd.: 71

[29] Weltbank-Daten http://data.worldbank.org/country/mozambique

[30] Vgl. Lomborg 2002: 81 f.

rum jedoch stagniert die Nahrungsmittelproduktion in Schwarzafrika, wenn diese weltweit durch die grüne Revolution (Nutzpflanzen mit hohem Ertrag, Düngung und Bewässerung) gewachsen ist? „Es fehlt nicht an Ressourcen oder landwirtschaftlichen Lösungen – es fehlt der politische Wille, die Armut direkt zu bekämpfen."[31] Seit der Entkolonialisierung herrscht in vielen Entwicklungsländern politische und wirtschaftliche Instabilität: Bürgerkriege und ethnische Konflikte, Korruption, unzureichende Infrastruktur, politisch fixierte Preise für Agrarprodukte und mangelhafte Bildung[32] sind hierfür verantwortlich. Genau daraus ergeben sich für uns Gründe zur Hoffnung: all diese derzeitigen Probleme der Entwicklungsländer, die wir soeben aufgezählt haben, sind von Menschen gemacht und entschieden – sie hätten auch anders gemacht und entschieden werden können, und sie können auch immer noch verändert und verbessert werden. Wir sind dabei nicht auf die Natur oder Umwelt angewiesen, sondern können und sollten selbstverantwortlich über das Wie der Verbesserung dieser Missstände nachdenken. Prüfen wir diese Überlegungen anhand von weiteren möglichen Problemen, was die Lebensgrundlagen auf unserer Erde angeht am Beispiel der Energieversorgung, auf die wir mittlerweile angewiesen sind. Während zum Ende des „19. Jahrhunderts die gesamte Industriearbeit zu 94 % aus menschlicher Kraft geleistet worden ist, beträgt dieser Menschenanteil heute nur noch 8 % – der Rest wird von mit Energie versorgten Aktanten verrichtet.[33] Wieder haben wir Grund zur Hoffnung: zum Einen gehen uns die fossilen Brennstoffe erst in nicht absehbarer Zeit aus und zum Anderen sind wir in der Lage, der nachwachsenden Generation genügend

---

[31] United Nations Development Programme Report 1997 zitiert nach Lomborg 2002: 87

[32] Vgl. Lomborg 2002: 87 f.

[33] Vgl. ebd.: 146

Wissen und Kapital zu hinterlassen, um die Energieversorgung zu sichern.[34]

> *Etwas vereinfach ausgedrückt: wenn unsere*
> *Gesellschaft in der gleichen Zeit, in der sie Kohle und*
> *Erdöl verbraucht hat, auch eine große Menge an*
> *technischen Gütern, Wissen und Kapital entwickelt hat,*
> *derart, dass die Nutzung anderer Energieträger*
> *billiger geworden ist, dann ist sie eine bessere*
> *Gesellschaft als eine wäre, die zwar die fossilen*
> *Brennstoffe im Boden belassen, aber auch ihre eigene*
> *Weiterentwicklung vernachlässigt hätte.[35]*

Wir haben bereits begonnen, dieses Wissen und dessen technische Umsetzung zu erproben: Erneuerbare
Energien aus Sonne, Wind, Wasser und Geothermie werden niemals zur Neige gehen. Sie machen ein Land unabhängiger von Brennstoffimporten und damit von den
Devisen und Preisentwicklungen an der Börse; sie sind
CO_2-neutral – ein politisch wichtig gewordenes Charakte-
ristikum von Energieerzeugung und somit dessen neues
Qualitätsmerkmal – ihre Nutzungstechnologien sind
leicht zu transportieren und zu reparieren, was sie zur
idealen Energieversorgung für Entwicklungsländer und
abgelegene Regionen macht.[36] Sie erlauben eine Dezent-
ralisierung von Energieerzeugung, sie sind ungefährlich
und nachhaltig. Ihr bisheriges einziges Defizit ist, dass
die Energieerzeugung aus fossilen Brennstoffen noch
billiger ist, und da Erdöl z.B. weitere 5000 Jahre[37] ausrei-
chen wird, um unseren derzeitigen Energiebedarf zu de-
cken, sind unsere Bemühungen, die Technologien zu er-
neuerbaren Energien (weiter-) zu entwickeln, noch lange
nicht allumfassend.
Woran liegt es also, dass man uns glauben machen lässt,
die Lebensgrundlagen der Menschen auf Erden seien in
großer Gefahr und gingen peu à peu unaufhaltsam zur
Neige? Wessen Interessen werden hierbei bewahrt und

---

[34] Vgl. ebd.: 147
[35] Ebd. (Herv. i. O.)
[36] Vgl. ebd.: 158
[37] Vgl. ebd.: 164

gefördert? Das Bemerkenswerte ist, dass die bisherigen Ausführungen zu den Lebensgrundlagen der Menschheit allein aus Sicht des Wirtschaftssystems und des Politischen Systems heraus entstanden sind und dennoch lassen sie bereits darauf hoffen, dass der Mensch intelligente Entscheidungen zu ihrer Verbesserung und Nachhaltigkeit trifft. Dabei haben wir das natürliche System oder das Bildungssystem noch gar nicht berücksichtig. Was auffällt, ist die Unausgewogenheit zwischen solchen Institutionen, denen die postulierte Knappheit der natürlichen Ressourcen dienlich ist und die davon profitieren, dass die Menschen, denen man diese Endlichkeit von natürlicher Umwelt einredet, einen eingebildeten Bedarf an Produkten und Dienstleistungen entwickeln. Nachfrage wird demnach konstruiert. Beiden Unklarheiten – nämlich die nicht berücksichtigten Prozesse und Programmatiken von Bildungssystem und natürlichem System; und die zu hinterfragenden Äußerungen und Setzungen einschlägiger wirtschaftlicher Organisationen – sind Gegenstand der folgenden Ausführungen.

3 Ziele einer Entschulung mit Schule

Manipulative Institutionen, welche den Menschen ein Bedürfnis nach ihren angebotenen Produkten oder Dienstleistungen einreden, weil sie sie zu unmündigen, unverantwortlichen und abhängigen Wesen degradieren, sind solche Institutionen, die von der übertrieben negativen Darstellung der menschlichen Lebensgrundlagen profitieren. Da aber diese für unser Überleben essentiellen Ressourcen und Grundlagen in absehbarer Zeit nicht zur Neige gehen, wie der vorige Abschnitt verdeutlichen konnte, haben wir Möglichkeiten, Wissen und Technologien und ausreichend Zeit, um den Fortbestand und die (Weiter-)Entwicklung der Menschheit intelligent zu denken und mögliche Änderungen anzuregen. Da wir soeben eine bestimmte Art von Institutionen thematisiert haben, wollen wir sogleich bei diesen Überlegungen bleiben und allmählich die Verbindung zu den Zielen der hier vorgelegten Arbeit herstellen: Bisher haben wir die Erziehung der nachwachsenden Generation einer darauf spezialisierten Institution namens Schule überlassen. Hierher senden wir systematisch die ankommenden Menschen mit der guten Absicht, dass diese darin lernen mögen. Zum einen verfügt jede Generation über neue Erkenntnisse, welche sie ihren Nachkommen allumfassend zukommen lassen möchte, zum anderen nehmen wir an, dass der Mensch in der Schule das Einleben in den bestehenden Kontext, in den er mit seiner Geburt eintritt, erlernt. Schulen sind Institutionen des Lernens, so schlussfolgern wir, jedoch übersehen wir dabei, dass die „meisten Menschen [...] den größten Teil ihres Wissens außerhalb der Schule [erwerben]" und dass das „meiste Lernen [...] beiläufig [erfolgt], und selbst beabsichtigtes Lernen [...] meistens nicht das Ergebnis von programmatischer Unterweisung [ist]." [38]

---

[38] Vgl. Illich 1995: 31

Bereits jetzt wird deutlich, dass die Institution der Schule einer Kritik bedarf, welches ein Ziel dieser Arbeit darstellt.

> *Die Schule eignet sich das Geld, die Menschen und die Bereitschaft an, die für Bildungszwecke verfügbar sind und hindert zudem noch andere Institutionen daran, pädagogische Aufgaben zu übernehmen. Weil Schulbildung als unverzichtbares Fundament für Lebensgestaltung und Wissen gilt, hängen Arbeit, Freizeit, Politik, städtisches Leben und sogar das Familienleben von den Schulen ab, anstatt selbst zu Mitteln der Bildung und Erziehung zu werden. Gleichzeitig werden Schulen sowie andere von ihnen abhängige Einrichtungen unerschwinglich.[39]*

Sie unterscheiden sich immens von solchen Institutionen, die die Möglichkeiten zur Entfaltung des Menschen erweitern, seine Handlungsfähigkeit bewahren und Kommunikation und Kooperation zwischen den Menschen ermöglichen.[40] Somit ist die Konzeption einer neuartigen Schulinstitution, die der Entwicklung und Entfaltung des Menschen dienlich sein soll, das zweite Ziel dieser Arbeit. Die Modi, mit deren Hilfe wir die Entfaltung und Bildung des (jeden/nachwachsenden) Menschen realisieren wollen, sind die Artikulation von Selbsttätigkeit durch den Einzelnen im Umgang mit seiner Lebenswelt und die Welt der gedanklichen Konstruktionen, die Artikulation von Selbstversorgung als unabhängige Gewährleistung von Reproduktion und die Artikulation von Selbstverantwortung als die nachhaltige, gute, selbstreferentielle Reflexion von Handlungen. Die Artikulation dieser Modi an den Schulen wird das dritte große Ziel dieser Arbeit sein und seine Umsetzung unter anderem in der konkreten Konzeption selbstversorgter, dezentraler, reproduzierbarer, spontan nutzbarer Lernräume finden.

---

[39] Ebd. 26
[40] Vgl. Ebd.: 84 f.

4 Über die Unnotwendigkeit von schulischem Unterricht und Vertrauen in die Lernfähigkeit der nachwachsenden Generation

Welche Art von Erziehung könnte für die nachwachsende Generation vor allem in Mosambik aber latent auch überall auf der Welt wünschenswert sein? Wir haben uns dem, was gebraucht werden könnte, genähert, indem wir das, was bereits *da ist* identifiziert haben. Dabei haben wir nicht die Schulbildung Mosambiks untersucht, denn wie bereits beschrieben, sind Schulen Institutionen des Unterrichts, nicht aber zwingend Räume, die das Lernen verstärken. Aus diesem Grund lag unser Augenmerk während eines kurzen Aufenthaltes in Maputo auf der Erforschung derjenigen Kinder, die vermutlich aus verschiedenen Gründen keine Schulbildung erfahren. Ihrem Handeln widmeten wir unsere gezielte Aufmerksamkeit und konnten aufgrund behavioristischer Beobachtungen wichtige Aussagen machen über das, was Kinder außerhalb von Schule imstande sind, zu lernen, zu vernetzen und zu organisieren, selbst wenn ihr Lebensraum sich auf *das* Gebiet Maputos beschränkt, das sie mit ihren eigenen Füßen erlaufen können. Dass diese Kinder vermutlich keine Schule besuchen, beruht auf der Beobachtung, dass sie beinahe täglich eine Woche lang den gesamten Vormittag über an demselben Platz anzutreffen waren und dass es sich bei ihnen um Kinder verschiedenen Alters handelte. Zur Grundlage dienen uns meine Aufzeichnungen von damals:

„Die Szene vor dem Hotel
Ich beobachte ein Mädchen, vier Jungs und einen kleinen Jungen im Rollstuhl auf der Insel zwischen einer vierspurigen, vielbefahrenen Straße mitten im Zentrum der Stadt. Die Kinder sitzen dort mit einer Selbstverständ-

lichkeit. Sie überqueren die Straße ohne Angst, obwohl der Verkehr dicht ist und die Autofahrer unberechenbar sind. Zudem fahren viele Autos sehr schnell. Doch die Kinder bewegen sich ganz frei und souverän zwischen den Autos und der Verkehrsinsel in der Mitte. Es ist morgens. So überfüllt wie nachmittags ist es heute nicht, aber dennoch halten viele Autos an der Ampel der Straßenkreuzung. Die eingangs genannten Kinder „arbeiten". Ihre Tätigkeit könnte man als Betteln bezeichnen. Zuerst überkommt mich als Zuschauer aus Deutschland bei der Szene ein Gefühl von Mitleid - doch nachdem ich den Kindern mehr als ein paar Minuten zugesehen habe, eröffnet sich mir mit einem Gefühl der Verblüffung ihr „System" – ein organisiertes und professionell strukturiertes Vorgehen liegt ihrem Betteln zugrunde.

Es läuft folgendermaßen ab:

Die Ampel springt auf Rot um. Die ersten Autos halten, schon greift eines der größeren Kinder die Griffe des Rollstuhls und fährt in manchmal auch rasanter Weise den kleinen Jungen im Rollstuhl an den Autos vorbei – an jedem Fahrerfenster halten sie an, das schiebende Kind verlangt nach dem Geld, der Junge im Rollstuhl bleibt teilweise freudig, teilweise teilnahmslos von der Geldübergabe unbeteiligt, außen vor. Schiebendes Kind und geschobener Junge im Rollstuhl klappern auf eben beschriebene Weise jedes Auto so lange ab, bis die Ampel auf Grün schaltet. Dann fährt das Bettelgespann zurück auf die „sichere" Insel. Bei der nächsten Ampelumstellung auf Rot wird dann ein anderes der größeren Kinder den kleinen Jungen im Rollstuhl zu den stehenden Autos fahren. Jeder ist einmal dran, es geht reihum. Die Kinder kauen Kaugummi mit weit offenem Mund, sie wirken auch während ihrer Bettelaktion eher teilnahmslos und nicht besonders motiviert, sie wirken weder traurig, noch freuen sie sich über die Einnahmen, die doch – was mich überraschte bei der Offensichtlichkeit ihres Tuns – reichlich fließen. Für die Kinder ist das Betteln an dieser Ampel anscheinend alltägliche Routine. Hin und wieder, immer während einer Grünphase der Ampel, hocken sich die Kinder gemeinsam auf den Boden der Verkehrsinsel und zählen ihr Geld, während die Autos an ihnen vorbeirasen. Nur der kleine Junge im Rollstuhl wird dabei nicht mit einbezogen. Er ist das schwächste Glied in dieser dem Anschein nach hierarchisch organisierten Bande, und dennoch ihre wichtigste Einnahmequelle. Zu schätzen wissen die Kinder das nicht. Später beobachte ich, wie eines der größeren Kinder den kleinen Jungen im Rollstuhl drangsaliert – er haut ihm, wenn auch nicht heftig, ins Gesicht. Die getroffene Wange hält der kleine Junge im Rollstuhl sich mit der Hand, doch der größere Junge haut beim nächsten Mal eben etwas weiter über oder unter die schützende Hand. Die Kinder tragen der Stadtkultur Maputos entsprechend ordentliche Kleidung – eine Hose oder einen Rock mit einem zugeknöpften Hemd, dazu Flipflops. Sogar diese junge Generation versteht es, sich adrett (aus dem Blickwinkel meines europäisch beeinflussten Wahrnehmens) zu kleiden. Sie wirken in jedem Fall nicht arm, dennoch weiß ich nach nur drei Tagen des Aufenthalts, wie sehr diese Kinder sich selbst als arm empfinden. Armut ist für diese Kinder der Mangel an Geld und Statussymbolen. Einen Reichtum, der aus Freiheit, Zeit, Freundschaft, Gesundheit, Spiel und Spaß, aus Herzenswärme und Freude besteht, den kennen sie nicht – bzw. sie würden ihn nicht Reichtum nennen. Zurück zur Szene auf der Straßeninsel: Nach einer Weile gesellen sich zwei weitere Jungen dazu – sie sind offensichtlich „von einem anderen Schlag". Beide tragen keine Schuhe, beide sind in ihrem Gebaren viel lauter und aufdringlicher als die vorher dagewesenen Kinder. Sie werden von der Gruppe begrüßt, aber die Dynamik auf der Bettelinsel verändert sich. Kommen nun große, teure Autos an die Ampel herangefahren, springen die neuen beiden Jungs auf und betteln „einfach so", der kleine Junge im Rollstuhl und dessen Schieber beschränken sich nun auf die anderen Autos. Einer der neuen Jungs hat eine Tupperdose mitgebracht. Was sie enthält, erfahre ich nicht. Diese Dose wird wie ein Schatz gehütet und birgt gleichzeitig einiges an Krisenpotential innerhalb der nun neuformierten Gruppe. Es kommt zu Tritten, die Dose wird geklaut und damit weggerannt, die Dose wird stolz vor der Brust getragen etc. Demgegenüber überrascht mich der Umgang der Kinder mit dem Geld, das sie erbetteln. Sie werfen das Geld in die Luft, fangen die Münzen wieder auf, sie drehen die Münzen auf dem Boden und manchmal rollt eine davon auf die Straße. Sie warten, bis die Autos vorbeigefahren sind, um sich die verloren gegangene Münze wiederzuholen. Überraschenderweise ist die Tupperdose mit viel mehr Bedeutung aufgeladen als das erbettelte Bargeld."

Was lässt sich aus den gemachten Beobachtungen schlussfolgern bezüglich einer wünschenswerten Erziehung der nachwachsenden Generation, wenn die Schule nicht mehr als *die* Erziehungsinstitution dienen muss? Wir haben gesehen, dass diese nicht schulgebildeten Kinder ein Verständnis davon haben, dass eine körperliche Behinderung bei den Geldgebern zu wünschenswerten Handlungen führen – nämlich, dass Geld gegeben wird. Ein Verständnis für den Einfluss von Emotionen auf das Verhalten von Menschen und das Wissen darum, dass man, wenn man die Emotionen verändert, auch indirekt das Handeln beeinflussen kann, ist hier durchaus erkennbar. Nicht nur dies, auch die Strukturierungen ihres Tuns als Elemente einer (Bettel-)Organisation lassen nunmehr vermuten, dass es sich um Mikro-Wirtschafts-Organisationen handelt: Die Benutzung einer Behinderung dient der Zielerreichung, welchem das Spiel mit Emotionen zugrundeliegt. Nicht zufällig sind hier Parallelen zur wirtschaftlichen Werbung und PR erkennbar. Die Arbeitsorganisation ihres Geschäfts verläuft strukturiert – ältere Kinder schieben den Rollstuhl, man wechselt sich ab, der Lohn wird im Nachhinein ausbezahlt, die Gewinne geteilt. In dieser Mikro-Organisation herrschen eigene Wertvorstellungen und Normen: Kaugummikauen, teure Autos, saubere Kleidung, die Tupperdose, eigene Sicherheit sind wertvoll. Der Junge im Rollstuhl, die einzelne Münze, alte Autos dagegen sind wertlos. Die „Unternehmungskultur" folgt dem bekannten Prinzip nach Clifford

Geertz: Kultur als ein selbstgesponnenes Bedeutungsgewebe.[41] Auch haben die Kinder das Setting ihrer Handlungen mit Bedacht ausgewählt: eine viel befahrene Straße mitten im Stadtzentrum, die Verkehrsinsel in der Mitte als sichere Zone, die Ampel als der Aktant, welcher die zeitlichen Abfolgen bestimmt, die Autos halten lässt und die Pausen taktiert. Zur Professionalisierung der Akteure lässt sich wenig mit Sicherheit sagen, jedoch ist die Spezialisierung ihres Tuns eindeutig erkennbar. Nachdem wir nun problemlos die Bettelbande als wirtschaftliches Mikrosystem beschreiben konnten, wird allmählich deutlich, zu welch komplexem Verstehen menschlicher Handlungen und Entfalten von Möglichkeiten Menschen in der Lage sind, auch wenn sie *keine* Schulbildung erfahren haben, Kinder sind, sich in einem örtlich sehr begrenzten Lebensraum bewegen. Diese Kinder haben das nötige Wissen, welches es zur Bearbeitung ihrer organisationalen Aufgabe braucht und die Kompetenzen, welche es zur Umsetzung ihres Wissens braucht. Beide Ressourcen (Wissen und Kompetenz) haben sie nicht in einer Schule erworben. Es gibt demnach Grund zur Annahme, dass Schulbildung, welche in Mosambik aufgrund der Bevölkerungsstruktur, der geringen monetären Mittel, der geringen Lehreranzahl und der Lebenssituation der Familien ohnehin nicht in dem Maße realisiert werden kann, wie es die Regierung anstrebt, gar nicht die notwendige Bedingung von Lernen und Bildung im genannten Kontext ist. Wir können es auch anders formulieren: Für die Erziehung der nachwachsenden Generation zur Einübung in die bestehende Gesellschaft und zum Erlernen der Entfaltung der gesellschaftlichen Systeme, ist schulischer Unterricht nicht nötig. Was vielmehr dazu beiträgt, ist Gegenstand aller folgenden Überlegungen.

Zu allererst braucht es Vertrauen in die ankommende Generation, wenn wir ihr Intelligenz und Verständnisfähigkeit fernab von schulischer Prägung zutrauen. Es ist möglicherweise an der Zeit, dass die willkommen heißen-

---

[41] Vgl. Geertz 1987: 9

de Generation eine andere, moralisch elegantere Einstellung gegenüber ihren Nachkommen entwickelt als jene, die dem Verordnen von allgemeiner Schulpflicht und dem Vorgeben von Curricula zugrundeliegt. Die Haltung, die der jetzigen entgegengesetzt wäre und die aus einer moralischen Eleganz erwächst, hat Georg Franck in seinem Beitrag über „Die Ökonomie der Aufmerksamkeit" bereits beschrieben. Er nennt sie „wohltätiges Interpretieren".[42] Wenn Menschen kommunizieren, und sich gegenseitig beachten, kann der Gehalt der Kommunikation immer nur durch äußere Anzeichen erschlossen werden. Diese hinterlassen einen Interpretationsspielraum beim Kommunikationsempfänger, innerhalb dessen er seinem Gesprächspartner und dessen Aufmerksamkeit einen Wert zuschreibt. „Kooperative beziehungsweise wohltätige Interpretation [...] meint die Einengung des offenen Interpretationsspielraums der natürlichen Sprache durch bewussten Einsatz von Vertrauensvorschüssen in die Intelligenz des Gesprächspartners."[43]

> Der Einzug moralischer Eleganz bedeutet einen dramatischen Wechsel in der Einstellung zur Kreatur überhaupt. Es gibt nicht nur menschliches Bewusstsein. Alle höheren Tiere und wohl auch manche, die wir als nieder bezeichnen, haben Bewusstsein. Moralisch elegant – ja überhaupt moralisch – ist nur dasjenige Verhalten, das auch dieses andere Bewusstsein als eigenes Dasein achtet. Moralische Eleganz ist der Idealtypus des Verhaltens, das dem Bild der Welt als eines Kosmos so vieler Erlebniswelten gerecht wird, wie überhaupt da sind.[44]

Nun ist die Beschreibung dieser Haltung auf eine zwischenmenschliche Kommunikationssituation bezogen entstanden und vielleicht nicht sofort auf das Erziehen von Kindern anwendbar, jedoch erschließt sich bei näherer Betrachtung, dass Erziehung auf eben solche zwischenmenschlichen Kommunikationssituationen basiert,

---

[42] Franck, Georg 2007: 248

[43] Ebd.: 249

[44] Ebd.: 251

bzw. basieren sollte, weil sie es noch nicht allerorts zu einem wechselseitigen Kommunikationssetting geschafft hat. Erziehung und gegenseitiges Lernen/Lehren *sind* Kommunikation zwischen zwei gleich wichtigen Partnern. Ohne zu sehr vom eigentlichen Forschungsgegenstand abzuschweifen und dennoch auch durch das vorangegangene Zitat Georg Francks angeregt, ist an dieser Stelle ein Exkurs in den Bereich von Hundeerziehung deshalb sinnvoll, weil ich darin zahlreiche Erfahrungen mit meinem eigenen aber auch anderen Hunden machen durfte, auf denen die folgenden Anmerkungen beruhen: Menschen und Hunde sprechen verschiedene Sprachen, sie verstehen einander nicht. Menschen haben lange geglaubt, wie die Geschichte der Hundeerziehung leidvoll dokumentiert, dass man Hunde zu dem zwingen müsse, was sie lernen und können sollten. Über Strafen erhielt der Hund daraufhin die notwendigen Informationen, dass er etwas völlig falsch gemacht habe. Lob sollte dem Hund sein richtiges Handeln bestätigen. Zwang und Manipulation von demjenigen Verhalten, welches der Mensch als wünschenswert erachtet, waren nie Teil meiner Lernsituationen mit meinem eigenen Hund, obwohl ich doch zugeben muss, dass ganz zu Beginn meines Hundehalterdaseins ich unwissender Weise versuchte, meinen Hund zu gutem Verhalten zu zwingen. Wie man sich vorstellen kann, führte das ausschließlich zu Rebellion und Frustration beiderseits. Umdenken war daraufhin nötig und möglich. Im Anschluss entwickelten der Hund und ich eine eigene Sprache, auf deren Zeichen wir uns gegenseitig verständigten und begannen somit eine völlig andere Art von Kommunikation mithilfe von primären, sekundären und tertiären Verstärkern.[45] In diesen Lernsi-

---

[45] Der primäre Verstärker ist eine Belohnung. Jedes Individuum hat eigene Vorlieben, deshalb müssen die Belohnungen immer individuell erforscht und nach Wertigkeit gelistet werden. Belohnungen können sein: Futter, Spielzeug, Rennen, Buddeln, Schwimmen, einen Artgenossen begrüßen, ein Lob etc. Der wichtigste Verstärker ist der sekundäre, denn er signalisiert dem Hund punktgenau und zuverlässig, dass ein primärer Verstärker folgen wird. Umgesetzt wird dies mithilfe eines Clickers. Ein Click klingt immer gleich, ist kurz und prägnant und wird genau dann vom Menschen

tuationen sind Lehrer und Lernender nicht festgelegt, denn erst im Kontext der gemeinsamen Arbeit entsteht überhaupt das Lernen – seitens des Menschen, weil er seine Kommunikation mit dem Hund überdenkt, anpasst, Verhalten versteht; seitens des Hundes, weil er durch Probieren und Verknüpfen sich Verhaltensweisen aneignet, sich besonders wünschenswerte Belohnungen erarbeitet, seine Fähigkeiten ausbildet und diese im Alltag generalisieren und anwenden lernt.

> *Der Lehrer ist nicht länger bloß der, der lehrt, sondern einer, der selbst im Dialog mit den Schülern belehrt wird, die ihrerseits, während sie belehrt werden, auch lehren. So werden sie miteinander für einen Prozess verantwortlich, in dem alle wachsen.*[46]

Viele Male habe ich als Mensch verstehen müssen, dass der Hund das Tempo des Lernens vorgibt, dass der Hund bestimmt, wann Training gut und möglich und wann unpassend ist. Es wird niemanden überraschen, dass trotz weniger solcher Trainingseinheiten pro Monat die Kompetenzen meines Hundes im Umgang mit der menschlich gestalteten Gesellschaft und Umwelt unübertroffen gut sind. Dass ich die Gestaltung der Gesellschaft durch den Menschen so betone, hat einen triftigen Grund: Hunde sind aufgrund ihrer noch immer ausgeprägten Instinkte und ihrer durch Zuchtauslese verstärk-

---

ausgelöst, wenn der Hund von sich aus ein tolles Verhalten zeigt. Hunde, die mit Clickern erzogen werden, sind kreativer und zeigen Eigeninitiative – sie bieten dem Kommunikationspartner Mensch verschiedenes Verhalten an und erarbeiten sich ganz von selbst auch schwierige Verhaltensketten. Der Hund wird nicht gebeten oder gelockt, er probiert ganz eigenständig aus, wofür er ein Click bekommt. Tertiäre Verstärke sind sogenannte Intermediäre Brücken – sie überbrücken die Zeit von Beginn eines tollen Verhaltens seitens des Hundes bis hin zum Click, worauf wiederum die Belohnung erfolgt. Ein einfaches Beispiel, in dem alle drei Verstärkertypen vorkommen: Der Hund nimmt mit seiner Schnauze Kontakt zur Hand des Menschen auf, sobald die Schnauze die Hand berührt, beginnt die intermediäre Brücke (z.B. ein gesäuseltes „Lalalalala" durch den Menschen). Der Hund kennt die Brücke und lässt seine Schnauze die gesamte Zeit über an der Hand des Menschen. Der Mensch stoppt die Brücke und clickt. Der Hund nimmt seine Belohnung entgegen. Wer sich für diese Art der Erziehung interessiert, dem sei das Nachschlagen von „Clickertraining" ans Herz gelegt.

[46] Freire 1991: 65

ten Eigenschaften, die heute nicht mehr unbedingt erwünscht sind (Jagd, Kampf, Wachen, Hüten) in unserer Gesellschaft – denken wir an den eng bebauten urbanen Raum – eigentlich völlig fehl am Platz. Die größte Herausforderung bei der Heranführung eines Hundes an die menschliche Gesellschaft besteht demnach darin, ihn sich selbst erarbeiten zu lassen, wie er darin am besten angepasst leben kann, ohne dass er dabei auf sein instinktives Verhalten zurückgreifen muss und sollte. Es ist daher auch nicht verwunderlich, dass Hunde nur von solchen Menschen erzogen werden sollten, die diese Lernsituationen zu gestalten in der Lage sind. Sogenannte Kampfhundlisten haben das Problem beißender und tötender Hunde nicht beseitigt, sondern den Fokus auf den Hund verschoben, jedoch kann in der Obhut eines unwissenden Menschen jeder Hund jeder denkbaren Rasse gefährlich werden, währenddessen Hunde, die wahres Lernen erleben, in jeder Situation souverän und freudig bleiben, weil sie sie als weitere Lernsituation und Chance, sich zu beweisen, empfinden, egal welcher Rasse sie angehören.

Warum dieser Exkurs an dieser Stelle angebracht war, werden wir nun verdeutlichen: Die Erziehung von Hunden ist aus der Not heraus, dass Menschen und Hunde sich einander nicht durch Sprache mitteilen können, einen gezwungenermaßen anderen Weg der Gestaltung von Lernsituationen unter Verwendung von neu eingeführten Zeichen und eigenständiger Semantik gegangen. Da Menschen jedoch ihren Nachkömmlingen ihre eigene Sprache beibringen, hat diese Umgestaltung von Lernsituationen zwischen Sprecher/ Lehrender/ Wissender/ Erziehender und Zuhörer/ Lernender/ Unwissender/ Erzogener auf Lernsituationen zwischen Lernenden und Lernenden bzw. Lehrenden und Lehrenden bzw. Wissenden/Wissenden bzw. Dialogführenden in der Schulbildung noch nicht stattfinden müssen. Jedoch hat die Untersuchung des mosambikanischen Bildungssystems durchaus gezeigt, dass in dem Land viele verschiedene Sprachen gesprochen werden und die überwiegende Mehrzahl der Kinder, die zur Schule kommen, überhaupt kein Portugiesisch, welches Unterrichtssprache ist, versteht. Den Kindern fällt das Erlernen von Schreiben und Rechnen aus diesem Grunde verständlicherweise schwer, weshalb die mosambikanische Regierung bereits darüber debattiert hat, ob man die Erstalphabetisierung in der jeweils regional gesprochenen Sprache durchführen sollte. Leider ist dieser lobenswerte Gedanke aufgrund von zu wenigen Lehrern, die den einzelnen Landessprachen mächtig sind, gescheitert. Diesem Problem und meinen Erfahrungen aus der Erziehung von Hunden als höhere Tiere mit Bewusstsein, wie Georg Franck es so treffend formulierte, geschuldet, sollten wir uns nun ermutigt genug fühlen, diese vorangegangenen Gedanken auf die Erziehung von menschlichen Nachkommen zu beziehen und denkbar anders funktionierende Lernsituationen zu gestalten.

4.1 Indem Menschen eine gemeinsame Sprache entwickeln und frei handeln dürfen, entstehen Lernsituationen

Bildung besteht nicht darin, Sätze, Wörter oder Silben – leblose Gegenstände ohne Beziehung zum existentiellen Universum – zu wiederholen, sondern sie ist eine schöpferische Haltung, eine Selbstveränderung, die zur Intervention in den eigenen Kontext führt. [47]

Der pädagogische Diskurs kennt Theorien solcher Lernsituationen, wie wir sie als wertvoll erachten, weil sie eben die essentiellen Elemente enthalten und zum Bestandteil ihrer Programmatik, der Professionalität ihrer Akteure und ihres Settings machen. Die genannten Elemente sind:

- Entwicklung einer gemeinsamen Sprache

- Unterstützung freien Handelns und freien Wollens

- Möglichkeiten, zu forschen, zu entdecken, sich zu bewähren

- Freiheit ermöglicht Verantwortung ermöglicht Reflektion

„Codes wie natürliche oder künstliche Sprachen sind nichts anderes als Konventionen einer menschlichen Gemeinschaft zur Darstellung oder Repräsentation von Wissensinhalten, damit Kommunikation und Austausch zwischen Individuen möglich sind." [48] Paulo Freire ist mit seiner Pädagogik der Befreiung einen erstaunlich vergleichbaren und überaus erfolgreichen Weg gegangen, wenn man diesen Erfolg auch an dessen Bekanntheit und Vielfalt an Reaktionen darauf messen möchte. Folgen wir

---

[47] Freire 1977: 53
[48] Hasler Roumois 2007: 50

dem Alphabetisierungsprogramm Freires, wie er es in seinem Heimatland Brasilien entwickelte und anwendete, und ziehen wir daraus Schlüsse für eine wünschenswerte Gestaltung von Lernsituationen, wie sie potentiell in Mosambik Anwendung finden könnten, weil hier die Notwendigkeit einer gemeinsam entwickelten Sprache gravierend ist. Paulo Freires Pädagogik zur Alphabetisierung beginnt mit der Untersuchung der typischen Rede- und Ausdrucksweisen der Region, in dem der Wortschatz der Teilnehmer erforscht und dokumentiert wird. Diese Rede- und Ausdrucksweisen lassen kulturwissenschaftliche Erkenntnisse zu, denn sie ermöglichen Rückschlüsse auf bestimmte Werte, Hoffnungen und Frustrationen der Teilnehmergruppe. In der zweiten Phase können mithilfe des regionalen Wortschatzes die sogenannten generativen Wörter ausgewählt werden, welche reich an Phonemen, phonetisch nicht zu schwierig sein sollten und gänzliche Einbettung in die soziale, kulturelle und politische Wirklichkeit der Alphabetisanden finden können.[49] In der dritten Phase des Freireschen Alphabetisierungsprogramms erarbeiten die Gruppenleiter Kodierungen für die vorher entwickelten generativen Wörter. Diese Kodierungen ermöglichen die Darstellung typischer existentieller Situationen der Gruppe auf Papier, Leinwand, Projektoren und anderen Medien. Anschließend werden die Kodierungen unter den Teilnehmern diskutiert. Da diese einen spezifischen emotionalen Wert haben, entwickeln die Akteure ihr kritisches Bewusstsein und den Wunsch, Lesen und Schreiben zu lernen innerhalb dieser Diskussionen. Aufgrund der nun zu Tage tretenden Perspektiven auf regionale und nationale Probleme der Menschen können die Koordinatoren in der anschließenden vierten Phase angepasste Arbeitspläne ausarbeiten. Die fünfte Phase wird eingeleitet durch die Vorbereitung der Karten, auf denen die generativen, bedeutsamen Wörter in phonetische Gruppen eingeteilt sind. Die Koordinatoren sind von nun an in einer Rolle als zum Dialog anregende Er-

---

[49] Vgl. Freire 1977: 55

44

zieher.[50] Das Programm wird wie folgt vollzogen: Die ko-
dierten Situationen werden in Form von Bildern mithilfe
von Medien projiziert und mit dem ersten generativen
Wort, das graphisch den phonetischen Ausdruck für das
bezeichnete Objekt darstellt, in Verbindung gebracht.
Eine Diskussion über die Implikationen des Dargestellten
wird angeregt. Nach der Dekodierung der Situation lenkt
der Koordinator die Aufmerksamkeit auf das generative
Wort und ermutigt die Teilnehmer, sich dessen Bild ein-
zuprägen. Dann erscheint nur noch das Wort allein ohne
dessen Objekt. Anschließend wird das Wort in seine Silben aufgeteilt – im Verständnis der Teilnehmer seine
Stücke. Nach Erkennung der Stücke bringt der Koordinator die phonemischen Gruppen, die das Wort zusammen-
setzen erst einzeln dann gemeinsam bildlich vor Augen,
um das Erkennen der Vokale zu ermöglichen. Die Karte,
welche diese phonemischen Gruppen zeigt, heißt „Entde-
ckungskarte". Die Teilnehmer benutzen diese Karte zur
Synthese und entdecken den Mechanismus der Wortbil-
dung durch phonetische Kombination. Sie erkennen
nicht nur dessen Routine, sondern beginnen selbst ein
System graphischer Zeichen zu produzieren.[51] Die Entdeckungskarten, welche die Kombinationen aus den gelern-
ten Wörtern darstellen, helfen beim mündlichen Wörter-
Machen. Am selben Abend beginnen die Teilnehmer zu
schreiben, in dem sie die graphischen Zeichen auf den
Entdeckungskarten nachzeichnen. Am folgenden Tag
bringen sie viele neue Wörter mit. Wichtig ist die Entdeckung des Mechanismus phonetischer Kombinationen,
denn dann können die Teilnehmer auf graphische Weise
das ausdrücken, was sie mündlich sprechen.[52] „Favela" ist
das portugiesische Wort für Slum oder Armenviertel. Es
repräsentiert eine wirkliche Lebenssituation und alltägliche Erfahrungen, was „favela" bedeutsam und zu einem
generativen Wort im Sinne Freires macht. Die Verbildli-

---

[50] Vgl. ebd.: 56
[51] Vgl. ebd.: 57 f.
[52] Vgl. ebd.: 59 f.

chung würde ein Armenviertel darstellen, die Entde-
ckungskarte würde aus den Silben fa – ve – la aufgebaut
sein und die Teilnehmer lernen sowohl die graphische
Darstellung des Wortes als auch die Kombinationsmög-
lichkeiten der Silben kennen, z.B. „vela" – die Nachtwa-
che oder „lá" – dort. Die Teilnehmer diskutieren die Le-
benssituationen und treten durch die Entwicklung der
Sprache aus ihrer Unmündigkeit hervor. Die Entwicklung
des kritischen Bewusstseins auch im politischen Sinne
stand für Paulo Freire immer im Mittelpunkt seiner Programmatik. Er vertrat die Ansicht, dass durch kritisches
Bewusstsein und Ermächtigung mithilfe von Schreib-
und Lesefähigkeit der Mensch seinem Menschsein nahe-
kommt.

*Alphabetisierung ist nur in dieser Weise sinnvoll, wenn
nämlich Menschen über ihre eigene Befähigung zur
Reflexion, über die Welt und ihre Position darin, über
ihre Macht zur Veränderung der Welt und die
Begegnung des Bewusstseins zu reflektieren beginnen.
Die Alphabetisierung selbst hört dabei auf, ihnen etwas
Äußerliches zu sein, sie wird ein Teil von ihnen, eine
Schöpfung aus ihrem Inneren. In meinen Augen ist nur
ein Alphabetisierungsprogramm richtig, in dem die
Menschen die wahre Bedeutung der Wörter verstehen:
nämlich als Kraft, die Welt zu verändern. Wenn
Analphabeten die Relativität von Unwissenheit und
Wissen entdecken, zerstören sie eine der Mythen, mit
deren Hilfe falsche Eliten sie manipuliert haben.
Dadurch dass Menschen, indem sie über sich selbst und
die Welt, in und mit der sie sind, nachzudenken
genötigt sind, die Welt als die ihre entdecken, dadurch
hat das Erlernen des Lesens und Schreibens überhaupt
einen Sinn. Dann sehen sie auch, dass ihre Arbeit nicht
der Preis dafür ist, dass sie Menschen sind, sondern
eher eine Art von Liebe zur Welt und eine Hilfe, dass
aus ihr ein besserer Ort wird.[53]*

Freire lenkt unseren Fokus damit auf die Ermächtigung
von Menschen durch das Erlernen essentieller Fähigkeiten auf der einen und durch das kritische Diskutieren auf
der anderen Seite, das durch diesen Nachvollzug von

---

[53] Ebd.: 84

Ausdruck schriftlicher Kodierungen und das Haben einer mündigen Stimme möglich wird. Eine Stimme zu haben, eine weltweit geteilte Ausdrucksweise zu beherrschen, ermöglicht es dem Menschen, über diese Sprache an der Welt teilzunehmen und die Eindrücke zu reflektieren. Menschen beginnen, zu denken und zu urteilen, ob das, was sie erkennen, ihrem eigenen Kontext entsprechend eine Güte oder einen Mangel hat. Freire darf deshalb seine Alphabetisierungsprogrammatik mit Recht eine Pädagogik der Befreiung nennen, denn sie befreit die Teilnehmer aus ihrer isolierten Lebenssituation und erlaubt ihnen Kommunikation, die viel weitreichender ist, als jene gesprochene Sprache in der eigenen Umwelt. Freire dazu: „Echtes Denken, ein Denken, das mit der Wirklichkeit zu tun hat, findet nicht im Elfenbeinturm der Isolierung statt, sondern nur im Vorgang der Kommunikation."[54] Sobald Denken und Interaktion möglich sind, wird der Mensch anfangen, wissbegierig seine Welt zu erforschen und sie in Form von Worten fassbar und vermittelbar zu machen.

> *Denn ohne selbst zu forschen, ohne Praxis, können Menschen nicht wahrhaft menschlich sein. Wissen entsteht nur durch Erfindung und Neuerfindung, durch die ungeduldige, ruhelose, fortwährende, von Hoffnung erfüllte Forschung, der die Menschen in der Welt, mit der Welt und miteinander nachgehen.*[55]

Dürfen wir behaupten, dass Erforschen von Welt und (in Worte) Fassen von Welt dem Menschen zu einem Mehr an Freiheit verhelfen? Denn wenn kritisches Bewusstsein im Freireschen Sinne das Individuum seinem humanistischen Menschsein näherbringt, sollte doch auch gleichzeitig dessen Freiheit zu denken, zu wünschen und in letzter Konsequenz, frei zu handeln mit in den Blick kommen. Diese Behauptung zu belegen, wird Gegenstand der folgenden Überlegungen sein. Nähern wir uns zu allererst dem, was wir Freiheit nennen. Hierzu verdanken

---

[54] Freire 1991: 62
[55] Ebd.: 58

wir Heinz von Foerster eine, wie wir finden, beachtenswerte Aussage, denn sie stellt auf eindrucksvolle Weise eine Verbindung zwischen der Freiheit menschlicher Handlungen als Voraussetzung von verantwortetem und reflektiertem Handeln her.

> *Ich meine, daß sich in der Verwirrung, die neue Möglichkeiten sichtbar werden läßt, ein ethisches Grundprinzip manifestiert. Es entsteht Freiheit. Ich habe einmal gesagt: Handle stets so, daß die Anzahl der Möglichkeiten wächst. Das ist mein ethischer Imperativ, wobei allerdings wieder der falsche Eindruck entstehen könnte, auch ich wolle andere herumkommandieren. Das war also etwas schlampig formuliert. Besser wäre es gewesen, wenn ich geschrieben hätte: ‚Heinz, handle stets so, daß die Anzahl der Möglichkeiten wächst.'[...] Gemeint ist, daß man die Aktivitäten eines anderen nicht einschränken soll, sondern daß es gut wäre, sich auf eine Weise zu verhalten, die die Freiheit des anderen und der Gemeinschaft vergrößert. Denn je größer die Freiheit ist, desto größer sind die Wahlmöglichkeiten und desto eher ist auch die Chance gegeben, für die eigenen Handlungen Verantwortung zu übernehmen. Freiheit und Verantwortung gehören zusammen. Nur wer frei ist – und immer auch anders agieren könnte –, kann verantwortlich handeln. Das heißt: Wer jemand die Freiheit raubt und beschneidet, der nimmt ihm auch die Chance zum verantwortlichen Handeln. Und das ist unverantwortlich.[56]*

Mit dem Entwickeln einer gemeinsam gesprochenen Sprache haben wir die Voraussetzungen für funktional gestaltete Lernräume geschaffen. Unsere Überlegungen basierten auf der Kenntnis, dass Lernsituationen, in denen die Akteure keine gemeinsame Sprache teilen, wie sie auch in Mosambik alltäglich sind, anders gestaltet werden könnten, indem die Akteure sich eine gemeinsame Sprache entwickeln. Als Beispiele für diese Sprachentwicklungen dienten uns die vermittelte Verstärkung (primär, sekundär und tertiär) aus der Tier-Erziehung und die Alphabetisierungspädagogik von Paulo Freire. Wir zeigten daraufhin, dass Kommunikation über die

---

[56] Von Foerster et Pörksen 1998: 36

Welt zum einen ein Teilhaben an ihr und auch ein Erfassen von Welt ermöglicht, zum anderen ihre Kritik anregt und somit dem Menschen die Möglichkeiten bietet, die Welt zu erforschen und sie zu bedenken. Möglichkeiten in einer Vielzahl sind das, was wir mit von Foerster übereinstimmend Freiheit nennen und welche in letzter Konsequenz das größte menschliche Wachstum, nämlich seine Verantwortung und Reflektion von Handlungen, hervorbringen. Auf überraschend dichte Weise haben wir nun die gesamte Programmatik einer neuen Erziehung umrissen, welche auf umsetzbaren Säulen basiert – dazu bedarf es vor allem der Sprachentwicklung, weil diese die wichtigste Voraussetzung des Teilens, auch Mitteilens, von konstruierter Welt ist. Selbst wenn wir dem radikalen Konstruktivismus folgen und uns vorstellen würden, dass jeder Mensch seine eigene Welt konstruiert, so würden wir doch eine gemeinsame Welt teilen, indem wir uns gegenseitig unsere Konstruktionen zeigen.[57]

Lassen wir uns nun auf von Foersters oben zitierte Passage ein und folgen seinem ethischen Imperativ, dass es eine mögliche Handlungsoption sein kann, die Möglichkeiten zu vervielfachen und somit Verantwortungsübernahme für Handlungen zu fördern, weil eine echte Entscheidung für das Handeln erst möglich ist, wenn man „eine Wahl hatte". Schnell deutet sich an, dass das Bereitstellen zahlreicher Möglichkeiten, zu handeln und zu verantworten eine bestimmte professionelle Rolle und Haltung Erziehender umschreibt. Wünschenswerterweise nehmen Erzieher ihre Profession folgendermaßen wahr: nämlich die der Möglichkeitenerzeuger bzw. Möglichkeitenvervielfacher. Sie sind es, die der nachwachsenden Generation die Gelegenheiten bieten können, das Miteinander innerhalb von Menschengesellschaft, das Miteinander mit der Welt der Dinge, mit der Natur und das Verantworten dieses Umgangs zu üben.[58] Welche Bedeutung dabei der Freiheit des Handelns innerhalb dieser

---

[57] Vgl. Girmes 1997: 183
[58] Vgl. ebd.: 168

Umgangs-Übungs-Situationen zukommt, hat von Foerster im oben zitierten Beitrag bereits verdeutlicht. Nur das freie, selbstbestimmte Wählen von Handlung aus vielen verschiedenen Möglichkeiten zu handeln und mit dem Wissen, dass das nachwachsende Individuum auch hätte eine andere Wahl treffen und anders handeln können, lässt Selbstverantwortung, Reflektion und damit das eigene Wachsen im Sinne der Persönlichkeitsbildung zu. *Die Freiheit des Handelns* im Wissen, auch eine andere Handlung wäre jederzeit möglich gewesen, weil der Übungskontext, den die Erziehenden erzeugen diese zulassen würde, ist somit von essentieller Bedeutung für das „Bilden" von selbstverantworteten, im Umgang mit den anderen Menschen der Gesellschaft, mit den Konstruktionen der Welt der Dinge, und mit der Natur geübten Menschen.

Es fragt sich jedoch, ob von Freiheit des Handelns und Wollens überhaupt die Rede sein kann, bei allem, was wir aus der neurowissenschaftlichen Perspektive über das Wahrnehmen und Verarbeiten von Umweltreizen wissen können. Der Komplexität der wahrgenommenen Daten aus der Umwelt geschuldet, reduziert das Gehirn diese auf verarbeitete und relevante Informationen und erzeugt ein der Ausgangsdaten nicht voll entsprechendes, weil Komplexität reduzierendes Abbild der Wirklichkeit, von dem man glauben könnte, es würde der Realität entsprechen. Die Neurowissenschaften überzeugen uns immer mehr davon, dass das Gehirn seine Umwelt nicht wahrnimmt und wirklichkeitsgetreu abbildet, sondern dass es Umweltreize dekonstruiert, zu relevanten Informationen verarbeitet und anschließend wieder zu einem komplexen Bild – wir können dies auch Wissen über (Um)Welt nennen – zusammensetzt. Der radikale Konstruktivismus findet hier seine Bestätigung, denn er betont, dass jeder Mensch seine eigene Wirklichkeit konstruiert und somit, überspitzt gesagt, eine gemeinsame Welt gar nicht existiert. Wie oben bereits beschrieben, sind Menschen aber qua gemeinsamer Sprache in der Lage, sich gegenseitig von ihren eigenen Wirklichkeiten zu erzählen und somit eine gemeinsame Welt zu teilen. Nun stehen wir aber wieder vor der Überlegung, dass eine a priori bestimmte Verarbeitung von Umweltreizen, die wir nicht aufheben können, weil eine allumfassende Wahrnehmung unsere Gehirnkapazitäten überschreiten und somit unmöglich würde, uns latent unserer Freiheit beraubt, denn wir haben keinen Einfluss darauf, in welcher Weise die Komplexität der Welt reduziert wird, welche Informationen diesen Filter passieren und uns letztendlich die Wirklichkeit darstellen. Ich selbst habe bis vor Kurzem innerhalb des Diskurses über einen möglichen freien Willen dem vehement widersprochen, dass bei aller Dekonstruktion von Welt qua Gehirnverarbeitung der Mensch noch in der Lage sei, frei zu wollen und zu wählen, wenn er doch schon ernsthafte Zweifel an der Wirklichkeit haben muss, die er für die Realität hält. Heute bin ich von dieser Perspektive nicht abgekommen, sondern habe sie schlichtweg weiterdenken können. Dabei halfen mir vor allem tiefergehende Gedanken zur Theorie Doppelter Kontingenz nach Niklas Luhmann. Wir stellen uns den Menschen jetzt einmal als ein System innerhalb einer Interaktionsgemeinschaft vor, selbst wenn weithin bekannt ist, dass Luhmann den Menschen ausdrücklich nicht als System betrachtet hat, sondern das ihm immanente Bewusstseinssystem und das außenliegende Gesellschaftssystem unterschieden hat. Dennoch lohnt es, den Menschen einmal als ein geschlossenes System zu betrachten, das wie alle Systeme auch als determiniert beschrieben werden kann, weil Systeme operativ angeschlossen sind. Dies bedeutet, ein Gedanke schließt immer an einen vorigen Gedanken an, eine Handlung immer an die in Vergangenheit passierten Handlungen und Erfahrungen.[59] In diesem Sinne sind Menschen insofern determiniert, zumindest, was ihre operative Angeschlossenheit und das Festgelegtsein ihrer Komplexitätsreduzierung via Gehirnverarbeitung betrifft, und dennoch ist Freiheit zwi-

---

[59] Vgl. http://de.consenser.org/consenser/795

schen determinierten Systemen laut Luhmann denkbar.
Nämlich:

> *Selbst wenn komplexe Systeme Maschinen und
> vollständig determiniert waren, müsste jedes System
> unterstellen, dass das andere beeinflusst werden kann,
> also auf Signale reagiert, und dies nicht in einer Weise,
> deren Determiniertheit man im System selbst
> ausrechnen konnte, sondern eben in einer Weise, die
> unvorhersehbar ist. Daher muss man die Information
> gleichsam süßen, man muss Anreize bieten, von denen
> man glaubt oder aus Erfahrung weiß, dass die anderen
> Systeme sich darauf einlassen, dass sie freiwillig,
> aufgrund eigener Präferenzen kooperieren
> beziehungsweise, wenn man das ausschließen will,
> nicht kooperieren, dass sie also entscheiden können
> und nicht schon durchdeterminierte Systeme sind, die
> das tun, was sie sowieso tun. Die interessante
> Hypothese ist, dass Freiheit durch die Duplikation der
> Systeme aus Determiniertheit entsteht. Es muss sich
> um mehr als ein System handeln, und sie müssen
> komplexitätsunterlegen sein, [...]. Sie müssen
> interagieren und müssen Freiheit fingieren, um sich
> selbst in ein Verhältnis zu einem anderen System
> bringen zu können. Wenn dies auf beiden Seiten
> geschieht, wird Freiheit qua Fiktion Realität*[60]

Luhmann verdeutlicht hiermit zwar, dass Freiheit
möglicherweise nur „vorstellbar" aber nicht real sein
könnte, macht damit aber zugleich unsere vorangegangenen Thesen zum Konstruktivismus stimmig, denn wir
sprechen ja nicht von Realität, wenn wir wissen können,
dass unsere Hirne sich ihre eigenen Landkarten und Bilder konstruieren. Wir sprechen ja von Wirklich-
keits(re)konstruktionen, die wir uns qua Sprache, Bilder,
Medien gegenseitig vermitteln können. Sobald also mindestens zwei Systeme in Interaktion treten, zwei Menschen miteinander kommunizieren, und sie sich gegenseitig ihre Wirklichkeitskonstruktionen mitteilen, von
denen wir auch wissen, dass sie kontingent sind und immer hätten anders aussehen können, weil anders konstruiert oder anders anschlussfähig gemacht, entsteht

---

[60] Luhmann et Baecker 2002: 178

doppelte Kontingenz. Weil das Bild, das ein Mensch dem anderen Menschen von seiner Wirklichkeit malen kann, nie ganz zum Bild des anderen wird, sondern auch hier immer nur vermittelt und somit verändert in den anderen eingeht, weil also die Perspektive des anderen nicht gänzlich in die eigene übergeht/nicht gänzlich vereinnahmt wird, sondern immer auch eine Konstruktion der Wirklichkeitskonstruktion des Gegenübers bleibt, können wir von zwei interagierenden Kontingenzen sprechen.

Kontingent ist etwas, was weder notwendig ist noch unmöglich ist; was also so, wie es ist (war, sein wird), sein kann, aber auch anders möglich ist. Der Begriff bezeichnet mithin Gegebenes (Erfahrenes, Erwartetes, Gedachtes, Phantasiertes) im Hinblick auf mögliches Anderssein; er bezeichnet Gegenstände im Horizont möglicher Abwandlungen. Er setzt die gegebene Welt voraus, bezeichnet also nicht das Mögliche überhaupt, sondern das, was von der Realität aus gesehen anders möglich ist. In diesem Sinne spricht man neuerdings auch von »possible worlds« der einen realen Lebenswelt. Die Realität dieser Welt ist also im Kontingenzbegriff als erste und unauswechselbare Bedingung des Möglichseins vorausgesetzt. Doppelte Kontingenz in diesem [...]Verständnis hat eine zweifache Auswirkung. Sie ermöglicht die Ausdifferenzierung einer besonderen Weltdimension für sozial unterschiedliche Sinnperspektiven (Sozialdimension), und sie ermöglicht die Ausdifferenzierung besonderer Handlungssysteme, nämlich sozialer Systeme.[61]

Und weiter:

Die Grundsituation der doppelten Kontingenz ist dann einfach: Zwei black boxes bekommen es, auf Grund welcher Zufälle immer, miteinander zu tun. Jede bestimmt ihr eigenes Verhalten durch komplexe selbstreferentielle Operationen innerhalb ihrer Grenzen. Das, was von ihr sichtbar wird, ist deshalb notwendig Reduktion. Jede unterstellt das gleiche der anderen. Deshalb bleiben die black boxes bei aller

---

[61] Luhmann 1991: 152 f.

Bemühung und bei allem Zeitaufwand (sie selbst sind immer schneller!) füreinander undurchsichtig.[62]

Interaktion in einer Kommunikationssituation zwischen den Menschen, welche immer Doppelte Kontingenz schafft, kann logischerweise gar nicht determiniert sein. Das ganze Gegenteil ist vorstellbar: Menschen haben die Möglichkeit, in Interaktion mit anderen ihre eigenen Wirklichkeiten und somit Welten zu schaffen. Alles, was denkbar und zeigbar ist, kann in der Gesellschaft der Menschen konstruiert und in Konsequenz auch umgesetzt werden. Dies erklärt, was Luhmann meint, wenn er sagt, dass Freiheit qua Fiktion Realität wird – wobei hier der Terminus „Wirklichkeit" statt Realität eher beschreibt, was passiert.

Auf die Erziehungssituation bezogen bedeuten die vorangegangenen Ausführungen, dass Menschen ihre Welt selbstverantwortet und frei erschaffen können, aber nie allein, sondern immer in Gesellschaft mit anderen Menschen, mit denen sie interagieren und somit ihre Kontingenz verdoppeln. Wir haben demnach Grund zur Hoffnung, dass Erziehende, wenn sie ihre Rolle und Professionalität als Multiplikatoren von Möglichkeiten und zuverlässige Lieferanten von Umgangs-Übungs-Situationen ernstnehmen, in Interaktion mit den zu Erziehenden die nötige Freiheit vorstellbar machen, die es braucht, um zwar in die bestehende Welt der Dinge, Gesellschaft der Menschen und Umwelt eingeführt und eingeübt zu werden, aber eben auch jegliche Fiktionen zu verwirklichen, die bestehende Welt der Dinge nach ihren Vorstellungen zu kreieren, Gesellschaft zu verändern, den Umgang mit der Umwelt ganz anders zu denken und dabei eine wie auch immer aussehende Wirklichkeit zu konstruieren. Leider wird unsere Euphorie dadurch gedämpft, dass augenscheinlich die Umsetzung dieser Erziehungskonzeption bisher noch nicht stattfindet, was Gründe haben muss. Diese Gründe sehe ich in Übereinstimmung mit Renate Girmes in der eigenen Erzogenheit des Menschen,

---

[62] Ebd.: 156

die aber nicht der Erzogenheit entspricht, wie ich sie oben beschrieben habe und welche ich als wünschenswert erachte, sondern die eine Erzogenheit ist, die die Freiheit des Menschen beschränkt, weil sie das Hauptaugenmerk auf nur das Einüben der nachwachsenden Generation in die bestehende Welt, Gesellschaft, Umwelt legte und ihr vermeintlich gesichertes und gespeichertes Wissen über ihre Wirklichkeit vermittelte. Wir wissen aber nun mit ziemlicher Sicherheit, dass es keine zwingende Realität gibt, über die wir Wissen (an)sammeln und weitergeben müssen, sondern dass wir unsere Wirklichkeiten selbst konstruieren, uns gegenseitig diese Konstruktionen vorstellen und unsere einzige echte Determiniertheit in den Bedingungen liegt, die unser Überleben auf der Erde sichern. Wir können das Verständnis dieser eben erläuterten Zusammenhänge durchaus als eine Art neues Bewusstsein beschreiben. Dieses neue Bewusstsein ist eine von weiteren Voraussetzungen, die zur Selbstaufklärung von Menschen beitragen. In Konsequenz haben selbstaufgeklärte Menschen gegenüber solchen, die (noch) nicht selbstaufgeklärt sind, wichtige Erkenntnisse über die Bedingtheiten ihrer Leben, welche Renate Girmes wie folgt aufzählt:

Wenn nun die Selbstaufklärung der (erwachsenen) Menschen über die Bedingtheit ihres Lebens erbringt,

- *daß jeder Mensch frei ist, jederzeit etwas Neues zu beginnen und deswegen einen eigenen Willen entwickeln muß,*

- *daß die Menschen zwar Formen für ihr Miteinanderleben finden müssen, daß aber alle vorfindlichen Formen kontingent sind,*

- *daß die Entwicklungstatsache als Bildsamkeit des Menschen zu verstehen ist, was bedeutet, daß jeder Mensch sich selbst bilden muß,*

- *daß die Geschichte und Geschichten der sterblichen Menschen unvorhersehbar sind und waren, weshalb das, was war, auch anders hätte sein können und also das menschliche Leben nicht von einem in ihm waltenden Gesetz, einer Notwendigkeit, einem Schicksal bestimmt wird und es von daher also auch keinen „Sinn" beziehen kann,*

- *daß die Welt der Dinge und Gedankendinge, die die Menschenwelt bilden, von ihnen selbst konstruiert ist und auch anders konstruierbar war und ist,*

und schließlich

- *daß alle erwachsenen Menschen als Erzogene oder ‚nur' Sozialisierte beschränkt und gefangen sind in ihrer begrenzten Erfahrung der Welt, in ihrer Sprache, in ihren Vorstellungen und Gewißheiten.*[63]

Die Chance, welche mit der Selbstaufklärung des Menschen einhergeht, besteht also darin, dass die Erziehenden den zu Erziehenden ein Ausbrechen aus der Sozialisierungsschlinge ermöglichen. Dabei müssen die Erziehenden sich also selbst als erzogen akzeptieren und mit dieser ihnen eigenen Erzogenheit umgehen, selbst wenn und *gerade* wenn diese vielleicht nicht den Ansprüchen gerecht wird, die der Akteur heute selbst seiner Erziehungstätigkeit zugrundelegt. Eine Theorie, die der Selbstaufklärung heutiger Erzieher dienen könnte, weil sie die Parallelität zwischen unverantwortlicher/unfreier Erziehung und dem Befehlen und Befehlsempfangen hervorhebt, liefert der Beitrag Elias Canettis in seinem Werk namens „Masse und Macht". Das Interessante am nachfolgenden Textausschnitt ist, dass er einen Zusammenhang herstellt zwischen dem Befehlsempfangen, dem damit einhergehenden lebenslangen Streben danach, den so erhaltenen Stachel wieder loszuwerden und dem Erzogenwordensein von Kindern. Damit regt Canetti ein Verständnis für die Probleme heutiger Erziehung an und warnt zugleich vor einem Fortschreiben dieser Erziehungsgeschichte als eine der Machtausübung und Befehlserteilung. Im folgenden Textausschnitt legt Canetti zuerst ausführlich die Beschaffenheit eines Befehls dar, weil er so das Verständnis des Wirkmechanismus von

---

[63] Girmes 1997: 191 f.

Machtausübung garantieren kann, welches notwendig ist, um den Zusammenhang zwischen (schulischer) Erziehung und eben dieser Machtausübung herstellen zu können. Canetti nennt zugleich den Ausweg aus dieser sich automatisch reproduzierenden Misere, nämlich das Verweigern eines Befehles, welchem wir im Anschluss eine Ergänzung zukommen lassen werden. Die Beschaffenheit eines Befehls:

> *Jeder Befehl besteht aus einem Antrieb und einem Stachel. Der Antrieb zwingt den Empfänger zur Ausführung, und zwar so, wie es dem Inhalt des Befehls gemäß ist. Der Stachel bleibt in dem zurück, der den Befehl ausführt. Wenn Befehle normal funktionieren, so wie man es von ihnen erwartet, ist vom Stachel nichts zu sehen. Er ist geheim, man vermutet ihn nicht; vielleicht äußert er sich, kaum bemerkt, in einem leisen Widerstand, bevor dem Befehle gehorcht wird. Aber der Stachel senkt sich tief in den Menschen, der einen Befehl ausgeführt hat, und bleibt dort unverändert liegen. Es gibt unter allen seelischen Gebilden nichts, das weniger veränderlich wäre. Der Inhalt des Befehls bleibt im Stachel erhalten; seine Kraft, seine Tragweite, seine Begrenzung, alles ist für immer vorgebildet worden, in dem Augenblick, da der Befehl erteilt wird. Es kann Jahre und Jahrzehnte dauern, bis jener versenkte und gespeicherte Teil des Befehls, im kleinen sein genaues Ebenbild, wieder zum Vorschein kommt. Aber es ist wichtig zu wissen, dass kein Befehl je verloren geht; nie ist es mit seiner Ausführung wirklich um ihn geschehen, er wird für immer gespeichert.* [64]

Der Zusammenhang zwischen dem Befehlen und dem Erziehen:

> *Die Befehlsempfänger, denen am gründlichsten mitgespielt wird, sind Kinder. Dass sie unter der Last von Befehlen nicht zusammenbrechen, dass sie das Treiben ihrer Erzieher überleben, erscheint wie ein Wunder. Dass sie es alles, nicht weniger grausam als jene, später an ihre eigenen Kinder weitergeben, ist so natürlich wie Beißen und Sprechen. Aber was einen immer überraschen wird, ist die Unverletztheit, mit der*

---

[64] Canetti 1990: 338 f.

sich Befehle aus der frühsten Kindheit erhalten haben:
sie sind zur Stelle, sobald die nächste Generation ihre
Opfer vorschickt. [...] Die Kraft, mit der das Kind
Befehle empfängt, die Zähigkeit und Treue, mit der es
sie bewahrt, ist nicht ein individuelles Verdienst.
Intelligenz oder besondere Begabung haben damit
nichts zu schaffen. Jedes, auch das gewöhnlichste Kind,
verliert und vergibt keinen der Befehle, mit denen es
misshandelt wurde. Eher verwandelt sich das Aussehen
eines Menschen, das, woran ihn die anderen erkennen,
die Haltung des Kopfes, der Ausdruck des Mundes, die
Art seines Blickes, als die Gestalt des Befehls, der als
Stachel in ihm zurückgeblieben ist und unveränderlich
gespeichert wurde. Unverändert wird er wieder
ausgestoßen, aber die Gelegenheit dazu muss da sein;
die neue Situation, in der er sich ablöst, muss der alten,
in der er empfangen wurde, zum Verwechseln ähnlich
sein. Das Wiederherstellen solcher frühen Situationen,
aber in Umkehrung, ist eine der großen Quellen
seelischer Energie im Leben des Menschen. Der
„Ansporn", wie man so sagt, dies oder jenes zu
erreichen, ist der tiefste Drang, an Befehlen
loszuwerden, was man einmal empfangen hat.[65]

Ein möglicher Ausweg aus dieser problematischen, sich
wiederherstellenden Situation:

Nur der ausgeführte Befehl lässt seinen Stachel in dem,
der ihn befolgt hat, haften. Wer Befehlen ausweicht,
der muss sie auch nicht speichern. Der „freie" Mensch
ist nur der, der es verstanden hat, Befehlen
auszuweichen, und nicht jener, der sich erst
nachträglich von ihnen befreit. Aber wer am längsten
zu dieser Befreiung braucht oder es überhaupt nicht
vermag, der zweifellos ist der Unfreieste.[66]

Canetti macht damit die Gefahr fehlleitender Erziehung
deutlich, welche zur ewigen Reproduktion desselben Feh-
lers/desselben Stachels führt und trägt zugleich zu einem
Verständnis für die Erzieher, welche aufgrund ihrer eigenen Erziehungsgeschichte zu dieser Reproduktion gezwungen werden, bei. Gleichzeitig liefert Canetti auch
eine Vorstellung über die Lösung dieses Problems, wenn

---

[65] Ebd.
[66] Ebd.

er schlussendlich diejenigen als frei beschreibt, die Befehlen ausweichen und diese nicht ausführen. Diese Vorstellung lässt sich wie folgt erweitern: Selbstaufgeklärte Menschen wissen um den „Stachel", der ihnen noch innewohnt, sie verzichten aber bewusst auf das Befehlen, weil sie die Fortschreibung dieser Befehlsgeschichte zu verhindern wissen und sich dessen klar sind, dass ihre verzeihende und vertrauensvolle Haltung dem Stachel jeglichen Schmerz nimmt. Selbstaufgeklärte Erzieher nehmen ihren eigenen Stachel sogar dankbar an und nutzen ihn zum einen als Antrieb zu durchdachter, professioneller Handlung und zum anderen als Warnung, der nachwachsenden Generation diese Befehle nicht anzutun, sondern mit ihr qua Interaktion Freiheit zu erschaffen und ihnen Möglichkeiten zu bieten, selbstverantwortlich, auf eigene Weise ihre Persönlichkeiten zu bilden. Erzieher sind in diesem Sinne Lieferanten; aber nicht Lieferanten von Welt, sondern Lieferanten von Möglichkeiten und Übungszeug für die „Bildung" der zu Erziehenden. „Wenn die Kinder verantwortliche Baumeister ihrer selbst sind, dann bedeutet Erziehung nicht, bestimmen zu sollen, was sein soll, sondern es bedeutet, im Bild gesagt: Baugelände, Baumaterial und Werkzeug zur Verfügung zu stellen; denn *Bauen-lassen heißt eben auch nicht Wachsen-lassen.*"[67]

---

[67] Girmes 1997: 192 (Herv. i. O.)

4.2 Entschulung – Über die Kontingenzgeschichte der Schule

Die Schule eignet sich das Geld, die Menschen und die Bereitschaft an, die für Bildungszwecke verfügbar sind, und hindert zudem noch andere Institutionen daran, pädagogische Aufgaben zu übernehmen. Weil Schulbildung als unverzichtbares Fundament für Lebensgestaltung und Wissen gilt, hängen Arbeit, Freizeit, Politik, städtisches Leben und sogar das Familienleben von den Schulen ab, anstatt selbst zu Mitteln der Bildung und Erziehung zu werden. Gleichzeitig werden Schulen sowie andere von ihnen abhängige Einrichtungen unerschwinglich.[68]

Als Mitglieder einer selbstaufgeklärten Menschengesellschaft wissen wir nun, dass alle Konstruktionen des Menschen immer auch anders hätten erschaffen werden können und somit kontingent sind. Für die Institution der Schule gilt das gleichermaßen. Menschen in einem bestimmten Alter zu Kindern zu erklären; diese Kinder weiterhin in einem bestimmten Alter schulpflichtig zu machen und deren Lernen in einer Schule zur Pflicht auszurufen, nämlich der Schulpflicht zu unterwerfen, sind weitere wichtige vom Menschen getroffene Entscheidungen, die zur Verschulung der Gesellschaft beigetragen haben. Mit der Beobachtung der jungen Bettelkinder in Maputo ist indes die Erkenntnis einhergegangen, dass sich Menschen von selbst entwickeln und somit sehr wohl in der Lage sind, sich autonom zu bilden. Selbstaufgeklärte Menschen haben weiterhin erkannt, dass die Institution Schule diesem autonomen Prozess des Selbstbildens nicht immer förderlich ist, sich oft sogar hinderlich auf dieses Bilden auswirkt. Nun steht die Schule nicht isoliert für sich im Lebensraum des Menschen, sondern ist funktionstüchtige Einheit des Schulsystems, welches wiederum Teil des Bildungssystems im Gesellschaftssystem ist. Das Politische System garantiert der Schule ihre politische Rechtfertigung durch Gesetzgebung, ihre Sicherheit durch Exekutive und Judikative. Das Wirtschaftssystem

---

[68] Illich 1995: 26

wiederum kann als der Hauptklient institutionalisierter Schulerziehung betrachtet werden, weil es vor allem *seine* Bedürfnisse sind, auf die die nachwachsende Generation hin geformt wird – die Nachfrage des Arbeitsmarktes wurde somit zur wichtigsten Programmatik von Ausbildung. Im speziellen Fall Mosambiks hat *diese* Programmatik wenig Sinn, denn ein ausgeformter Arbeitsmarkt, auf den angepasst man die mosambikanische Bevölkerung hin formen wollen könnte, ist hier kaum existent. Auch überall sonst auf der Welt ist der dem Wirtschaftssystem dienliche Fokus von Erziehung eine von Menschen gemachte Entscheidung, die es spätestens dann zu überdenken gilt, wenn Frustration von Lehrern und Widerstand der Lernenden offenbar werden, Disfunktionalität von Lehrplänen kritisiert wird und proklamierte Chancengleichheit und Zugänge zu Bildung zum politischen Leitmotiv erklärt werden müssen, weil eine auf Selektion und Versagen ausgerichtete Schule zu ungerechter Verteilung von Lernmöglichkeiten führt. Ivan Illich hat einen wichtigen Beitrag zum Verständnis der Problematik einer verschulten Gesellschaft geleistet und deren negative Auswirkungen auf das Sich-Bilden der nachwachsenden Generation und auf die bestehende Erwachsenengesellschaft beschrieben. Mit ihm gelangen wir zur Erkenntnis, dass institutionalisiertes Lernen in Schulen nicht nur nicht nötig ist für das Sich-Bilden unserer Nachkommen, sondern dass sie sogar eine erhebliche Gefahr dafür darstellt:

> Schulen gründen auf der Annahme, dass alles im Leben
> ein Geheimnis in sich birgt; dass die Qualität des
> Lebens von der Kenntnis dieses Geheimnisses abhängt;
> dass man Geheimnisse nur in der richtigen Reihenfolge
> kennenlernen kann; und dass nur Lehrer diese
> Geheimnisse auf die rechte Weise offenbaren können.[69]

Im besten Fall dient dieser Mythos von *dem einen* Geheimnis des Lebens als intrinsische Motivation eines jeden Individuums, sich möglichst intensiv und möglichst

---

[69] Ebd.: 109

viel Wissen „anzueignen". Je mehr er verfügbare Informationen zu seinem Wissen machen kann, desto schmerzlicher bewusst wird ihm jedoch, dass es *dieses eine* Geheimnis des Lebens gar nicht geben kann und dass Mehr-Wissen auch immer mit der Bewusstwerdung des unendlichen Nicht-Wissens einhergeht. Im schlimmsten Fall verursacht der oben zitierte Mythos, wie vielerorts beobachtbar, ein quasi unerschöpfliches Vertrauen in die „Rechtmäßigkeit" der Setzung „Schule" und in die „Wahrheit" der durch den Lehrer vermittelten Informationen. Dabei beschränken Schulen den Umgang mit den Phänomenen der Welt auf bloße Rekonstruktionen bereits vorher getätigter und als „wahr" oder für eine Problemlösung funktional befundener Lösungsoperationen. Wie ich selbst erlebte, sind die Lehrer gerade im mathematisch-naturwissenschaftlichen Bereich der Oberstufe oft nur noch in der Lage, Lösungswege zu rekonstruieren. Anschlussfähig für eigene Operationen waren diese Informationen nicht, was zu erheblicher Frustration und einem Gefühl der Unzulänglichkeit meinerseits führte. Seither habe ich den Zugang zur Mathematik gänzlich verloren, was ich sehr bedaure. Hilfreich wäre es, wenn sowohl Konstruktion von neuen Lösungswegen und auch Dekonstruktion von vorgefunden Lösungswegen einen höheren Stellenwert im mathematisch-naturwissenschaftlichen Fachbereich hätten. Erst seit dem Studium habe ich mich überhaupt zu Dekonstruktion (auch dessen, was Autoren in wissenschaftlichen Diskursen beitragen; was Dozenten äußern, von Informationen, zu denen ich Zugang habe) und Konstruktion (persönlich anschlussfähiger Modi und Lösungswege) motiviert gefühlt. Schulen sind bislang keine Orte, an denen Erzieher Möglichkeiten vervielfachen können und somit zum verantwortlichen Handeln der Zu-Erziehenden beitragen, sondern beschränkende weil determinierte und determinierende Räume, wo die Möglichkeiten sowohl der Lehrenden als auch der Belehrten auf die Programmatik des Lehrplans, die Raumaufteilung der Örtlichkeiten, die Budgetierung der Gelder, etc. beschränkt werden.

Und indem die Möglichkeiten schwinden, schwinden auch die Gelegenheiten für die Zu-Erziehenden, Verantwortung für ihr Handeln zu übernehmen. Die Verantwortung, die ihrem Handeln zugrunde liegt, kann immer auf eine außerhalb ihrer selbst liegende Entität ausgelagert werden, Bildung im Sinne der Persönlichkeitsbildung wird hierbei undenkbar.

> *Indem die Schule die Menschen dahin bringt, auf die Verantwortung für ihr eigenes Wachstum zu verzichten, treibt sie viele zu einer Art von geistig-seelischem Selbstmord.*[70]

Diese Aussage Ivan Illichs klingt bedrohlich und bedauerlich zugleich – keine Schule ist dazu *intendiert*, das Wachstum der Schüler zu verhindern, oder sie gar geistig-seelisch zu zerstören. Worauf Illich hier fokussiert, ist das Verhindern von Verantwortung, weil weder Lehrer noch Lernende in einer determinierten und determinierenden Umgebung wie der Schule die Möglichkeiten haben, frei zu handeln. Ohne Freiheit, ohne etwas zu wollen, und es doch tun/lernen/lehren/lesen/vergessen zu müssen, kann keine Verantwortung für die eigene Handlung/eigenen Gefühle/eigene Gewordenheit/eigene Biografie/eigenen Probleme übernommen werden. Von *Selbst*verantwortung, *selbst*bestimmtem/r Lernen/ Konstruktion kann hier keine Rede sein. In der Konsequenz kann man sich nun fragen, warum wir nicht darauf verzichten, zur Schule zu gehen oder unsere Kinder in die Schule zu schicken. Den Grund hierfür sehen wir in Übereinstimmung mit Ivan Illich im heimlichen Lehrplan der Schule:

> *[...] Botschaft, dass der einzelne nur durch Schulung sich auf das Leben als Erwachsener in der Generation vorbereiten könne, dass das, was nicht in der Schule gelehrt wird, völlig wertlos sei, und dass das, was außerhalb der Schule zu lernen ist, nicht wissenswert sei.*[71]

---

[70] Ebd.: 91
[71] Ebd.: 160

Weiterhin zum heimlichen Lehrplan:

> *[...] in der Schule lehrt man uns, dass wertvolles Lernen das Ergebnis von Schulbesuch sei, dass der Wert des Lernens mit der Dosis an Input steige, und dass sich dieser Wert schließlich durch Zensur und Zeugnis messen und nachweisen lasse. [...]Lernen ist nicht das Ergebnis von Unterweisung. Es ist vielmehr das Ergebnis ungehinderter Interaktion in sinnvoller Umgebung. Die meisten Menschen lernen, wenn sie „dabei sind". Trotzdem zwingt sie die Schule, ihr persönliches, kognitives Wachstum mit komplizierter Planung und Manipulation gleichzusetzen.[72]*

Trotz dieser entmutigenden Dekonstruktion von schulischer Programmatik haben wir es hier mit einer Kontingenzgeschichte zu tun, dessen Ergebnis die Schule ist, wie wir sie kennen und Illich sie kritisiert hat, zu tun. Menschliche Entscheidungen/ Setzungen/ Konstruktionen sind nicht reversibel, aber es ist zu jeder Zeit vorstellbar, dass sie hätten auch andere Gestalt und anderen Gehalt annehmen können. Auch mit Blick auf die Problematik der Verschulung menschlicher Gesellschaften besteht demzufolge Grund zur Hoffnung, denn wir haben Möglichkeiten, weitere, klügere Konstruktionen zu machen/ Entscheidungen zu treffen/Setzungen zu bewirken. „Schule" ist kontingent:

> *Wir stehen vor einer klaren Wahl. Entweder glauben wir weiterhin, dass institutionalisiertes Lernen ein Produkt sei, welches schrankenlose Investitionen rechtfertigt; oder wir entdecken, dass Gesetzgebung, Planung und Investitionen, falls sie im Bildungswesen überhaupt etwas zu suchen haben, hauptsächlich dazu dienen sollten, die Schranken einzureißen, die heute dem Lernen im Wege stehen, das nur eine persönliche Tätigkeit sein kann.[73]*

Welche vorstellbaren Setzungen gilt es in Anbetracht der vorstehend zusammengefassten Erkenntnisse zu bewirken, welche Entscheidungen anzuregen, welche Kon-

---

[72] Ebd.: 65
[73] Ebd.: 78

struktion zum Zwecke der Ermöglichung des Sich-Bildens von Lernenden sollten wir statt „Schule" anstreben? Wir sind uns dessen bewusst, dass alle in diesem Zusammenhang geäußerten Überlegungen einer weiteren (neuen) Programmatik von Erziehung entsprechen. Diese neue Programmatik, welche die eingangs kritisierten Fehler nicht wiederholen darf, kann nur dann Erfolg haben, wenn sie sich am Zu-Erziehenden, dessen Bedingtheiten des Lebens und seinem kulturellen Rahmen orientiert, weshalb die folgenden Abschnitte konkret die mosambikanische Wirklichkeit zum Gegenstand haben, ohne dabei den Anspruch zu verlieren, auf weitere Wirklichkeiten übertragbar zu sein. Ohne dem Verorten der Programmatik vorgreifen zu wollen, lohnt schon jetzt ein Blick auf die Vorschläge Ivan Illichs zur entschulten Erziehung. Sein Lösungsvorschlag beruht im Grunde ebenso wie der von Paulo Freire auf dem Gedanken der Befreiung des Lernenden und bestätigt damit auch den ethischen Imperativ von Heinz von Foerster, die Möglichkeiten zu vervielfachen und sowohl die Gestaltung des Lehrens als auch des Lernens dem Zu-Erziehenden zu überantworten. Illich postuliert die Beseitigung der Kontrolle durch Personen und Institutionen im Sinne eines freien Zugangs zu den Dingen, die der „Baumeister" Lernender benötigt.[74] Weiterhin ermutigt er jeden, der den Wunsch dazu hegt, Fertigkeiten zu lehren oder auszuüben, ohne dass es hierfür eines Zertifikats bedarf, das den Fertigkeitenvermittler/Fertigkeitenvorführer zu einem „Lehrer" macht. Auch die von mir in der Oberstufe vermissten Tätigkeiten Dekonstruktion und Konstruktion – Illich nennt sie die „schöpferischen und kritischen Fähigkeiten des Menschen" – sollen Möglichkeiten zur Verwirklichung finden[75]. Lehrende gehören ferner keinem etablierten Berufsstand an, sondern jedem Lernenden soll Gelegenheit gegeben sein, sich dem „Lehrer, Meister, Ratge-

---

[74] Vgl. ebd.: 142
[75] Ebd.

ber oder Heilkundigen seiner Wahl anzuvertrauen."[76]
Immer deutlicher treten die Konturen einer Erziehungsprogrammatik hervor, die sowohl dem Wunsch nach dem
Sich-Selbst-Bilden des Menschen Rechnung trägt, als
auch die dafür nötige Freiheit schafft, damit der Mensch
durch Selbsttätigkeit und Selbstverantwortung zu seiner
Selbstbildung befähigt ist. Dieses Sich-Bilden findet statt
in einem Spannungsfeld zwischen den Bedingtheiten eines jeden Menschen und dem Bild, das er von sich macht
– das Sein, was er will. Treten wir ein in diesem Raum
und konstruieren wir innerhalb dieses Spannungsfeldes
unsere Erziehungsprogrammatik.

---

[76] Vgl. ebd.

5 Über Bildung, ihren Modus und ihren Ertrag – eine Erziehungsprogrammatik, die auf den Bedingtheiten in Mosambik basiert und potentiell weltweit Anwendung finden könnte

Im Folgenden stellen wir eine Erziehungsprogrammatik vor. Wie bereits latent zu sehen war, stützen wir unser Forschen, unser Erkennen der Welt auf das durch Renate Girmes entwickelte Modell Odyssee´s End©.[77] Die Ausdifferenzierung unserer Programmatik basiert demnach auf dem, was einer Erziehungsprogrammatik als Bedingungen zugrundeliegt. Dabei konzentrieren wir uns auf die spezifischen Bedingungen, die die mosambikanische Wirklichkeit hergibt. Im Spannungsfeld zwischen dem, was die Erziehung bedingt und dem, was wir als lohnenswerte Erziehung begründet entwickelt/gedacht haben, entsteht die Erziehungsprogrammatik. Daran anschließend thematisieren wir, welche Prozesse diese Erziehungsprogrammatik in-Gang-bringen und in-Gang-halten könnten: nämlich die Artikulation von Selbstversorgung, Selbsttätigkeit und Selbstverantwortung.

Zuerst ist also zu prüfen, welche Bedingtheiten das Leben der Menschen in Mosambik charakterisieren und bestimmen. Eine Erziehungsprogrammatik, die diese Bedingtheiten nicht nur anerkennend berücksichtigt, sondern gezielt darauf aufbaut, möge eine nachhaltigere Konstruktion sein, als eine Programmatik, die erst, wenn sie gedacht und konstruiert ist, auf die Wirklichkeit der Lernenden und Lehrenden bezogen und angepasst wird. Wir stimmen mit Renate Girmes überein, die erkannt

---

[77] Girmes 2008: Das Neunermodell. Unveröffentlichte Präsentation im Rahmen des Master-Studiengangs Cultural Engineering an der Otto-von-Guericke Universität. Modul „Handlung und System II". Folien 43-48.

hat, dass sich die Aufgaben des Lebens aus der Auseinandersetzung des Menschen

- mit sich selbst,

- mit anderen Menschen,

- mit den erschaffenen Dingen und

- mit der Natur auf Basis ihrer Bedingtheiten ergeben.[78]

Die Bedingtheiten des Lebens in Mosambik und die Aufgaben, die sich aus diesen ergeben, werden Gegenstände der folgenden Überlegungen und Ausführungen sein. Im Anschluss daran beleuchten wir das Wie der Auseinandersetzung des Menschen mit den Akteuren und Aktanten seiner Umwelt sowie mit sich selbst und welche Aufgaben daraus erwachsen. Eine Erziehungsprogrammatik zu formulieren, die der nachwachsenden Generation ermöglicht, sich mit diesen Aufgaben auseinanderzusetzen, ist somit das Ziel dieses Kapitels.

5.1 Die Bedingtheiten der Menschen im Allgemeinen und speziell in Mosambik

Hannah Arendt und darauf aufbauend Renate Girmes haben bereits wertvolle Beiträge geliefert, in denen sie eingehend die Bedingtheiten des menschlichen Lebens und die daraus resultierenden Aufgaben beschrieben haben. Zu diesen gehören das Geborenwerden und Sterben, die Pluralität der Menschen innerhalb ihrer Gesellschaft und seine Weltlosigkeit, weshalb er sich diese erschaffen muss.[79] Aus diesen Bedingtheiten erwachsen dem Menschen spezifische Tätigkeiten eines aktiven Lebens, welche Hannah Arendt benannt und als eine Vita Activa kon-

---

[78] Vgl. Girmes 1997: 150 ff.

[79] Vgl. ebd.: 152 - 183

stituierend beschrieben hat; nämlich „arbeiten"[80] im Sinne ihrer lebensnotwendigen Reproduktion und des in-Gang-Haltens essentieller Prozesse als ein Kreislauf, der dem des Lebens aus Geburt und Tod stark ähnelt; weiterhin „herstellen" als das Produzieren einer Welt der hergestellten Dinge und das damit verbundene Schaffen von den Tod überdauernden Entitäten; und zuletzt „handeln und sprechen" als das Sich-Einschalten in die Gesellschaft und das Kommunizieren mit anderen Menschen. Mit dem Geboren-Werden beginnt für den Menschen sofort die Aufgabe, sein Leben zu erhalten und sich zu reproduzieren, in dem er arbeitet und lebensnotwendige Prozesse in-Gang-hält, die seine Ernährung, seine Gesundheit und seine Fortpflanzung sicherstellen.

> *Der Segen der Arbeit [...] ist die menschliche Art und Weise, der Seligkeit des schier Lebendigen teilhaftig zu werden, die wir mit allen Kreaturen teilen. Und ein in der Arbeit sich verbrauchendes Leben ist der einzige Weg, auf dem auch der Mensch in dem vorgeschriebenen Kreislauf der Natur verbleiben kann, in ihm gleichsam mitschwingen kann zwischen Mühsal und Ruhe, zwischen Arbeit und Verzehr, zwischen Lust und Unlust mit derselben ungestörten und unstörbaren, grundlosen und zweckfreien Gleichmäßigkeit, mit der Tag und Nacht, Leben und Tod aufeinanderfolgen. Den Lohn für die Mühe der Arbeit zahlt die Natur selbst, der Lohn ist Fruchtbarkeit; [....][81]*

Da sich der Mensch aber früh seiner Endlichkeit auf der Erde bewusst wird, ist er bestrebt, Dinge und Welt zu erschaffen, nämlich herzustellen, die diese irdische Endlichkeit und somit den Tod ihres Erschaffers überdauern.

> *So gesehen, haben die Weltdinge die Aufgabe, menschliches Leben zu stabilisieren, und ihre „Objektivität" liegt darin, daß sie der reißenden Veränderung des natürlichen Lebens [...] eine menschliche Selbigkeit darbieten, eine Identität, die sich daraus herleitet, daß der gleiche Stuhl und der*

---

80 Vgl. Arendt 1981: 76 ff.
81 Ebd.: 97

gleiche Tisch den jeden Tag veränderten Menschen mit gleichbleibender Vertrautheit entgegenstehen [...]. Nur weil wir aus dem, was die Natur uns gibt, die objektive Gegenständlichkeit einer eigenen Welt errichtet [... haben, die uns vor der Natur schützt, sind wir imstande, nun auch die Natur als einen „Gegenstand" objektiv zu betrachten und zu handhaben.[82]

Das Herstellen ist also eine menschliche Tätigkeit, die ihn von allen anderen Lebewesen auf der Erde unterscheidet, die nur reproduktiv und sich fortpflanzend als Erhaltung ihrer Art tätig sind. Mit der Tätigkeit des Arbeitens nimmt der Mensch Bezug zu seiner Bedingtheit des Geborenwerdens und Sterbens. Mit der Tätigkeit des Herstellens beantwortet er seine Bedingtheit der Weltlosigkeit, denn in der Natur allein kann der Mensch nicht heimisch sein – auf kleinster Ebene bedarf er der Kleidung als Schutz vor Kälte und einer Behausung als Schutz vor dem Wetter. Auch die Bedingtheit des Sterbens wird in der Tätigkeit des Herstellens berücksichtigt, weil der Mensch sich der Endlichkeit seiner Existenz bewusst ist und demnach ihn überdauernde Dinge erschaffen und hinterlassen will.

[...] wie schön auch immer die Welt der Dinge, die uns umgibt, sein mag, sie erhält ihren eigentlichen Sinn erst, wenn sie die Bühne für Handelnde und Sprechende bereit stellt, wenn sie durchwebt ist von dem Geflecht menschlicher Angelegenheiten und Bezüge und den Geschichten, die aus ihnen entstehen. Ohne von Menschen bewohnt und von ihnen andauernd besprochen zu werden, wäre die Welt nicht mehr als ein Haufen beziehungsloser Dinge, auf den jeder Einzelne in seiner Isolierung noch einen von ihm verfertigten Gegenstand werfen könnte, ohne doch je hoffen zu dürfen, daß sein Produkt sich einer Dingwelt füge und einfüge werde. Ohne die gestaltete Welt wiederum blieben die eigentlich menschlichen Angelegenheiten ohne Behausung, und alles, was zwischen Menschen sich ereignet, ihr Tun und Treiben,

---

[82] Ebd.: 125

verbliebe in dem Dunkel schwermütiger Vergeblichkeit.[83]

Die dritte wichtige Bedingtheit des menschlichen Lebens ist die der Pluralität[84]: Der Mensch ist innerhalb der Gesellschaft von Menschen ein jedem ähnliches aber auch von jedem unbedingt zu unterscheidendes Individuum. Aus dieser Bedingtheit erwächst ihm die Aufgabe, sich seinen Mitmenschen als gleich und als verschieden zugleich mitzuteilen. Die Tätigkeit, die das leisten kann, ist das Handeln und Sprechen, denn in Interaktion mit seinesgleichen kann der Einzelne seine Gleichheit mit anderen Menschen und gleichzeitig seine Einzigartigkeit als Individuum zum Ausdruck/zum Sprechen bringen.

> *Sprechend und handelnd unterscheiden Menschen sich aktiv voneinander, anstatt lediglich verschieden zu sein; [...] [Sprechen und Handeln] sind die Modi, in denen sich das Menschsein selbst offenbart. Dies aktive In-Erscheinung-Treten eines grundsätzlich einzigartigen Wesens beruht, im Unterschied von dem Erscheinen des Menschen in der Welt durch Geburt, auf einer Initiative, die er selbst ergreift, aber nicht in dem Sinne, daß es dafür eines besonderen Entschlusses bedürfte; kein Mensch kann des Sprechens und des Handelns ganz und gar entraten, und dies wiederum trifft auf keine andere Tätigkeit der Vita activa zu. [...] Sprechend und handelnd schalten wir uns in die Welt der Menschen ein, die existierte, bevor wir in sie geboren wurden, und diese Einschaltung ist wie eine zweite Geburt, in der wir die nackte Tatsache des Geborenseins bestätigen, gleichsam die Verantwortung dafür auf uns nehmen.[...] In diesem ursprünglichsten und allgemeinsten Sinne ist Handeln und etwas Neues Anfangen dasselbe. [...] Die Tatsache, dass der Mensch zum Handeln im Sinne des Neuanfangens begabt ist, kann daher nur heißen, daß er sich aller Absehbarkeit und Berechenbarkeit entzieht.*[85]

Nachdem wir nun die Aufgaben des tätigen Lebens kennen, welche eine Antwort auf die Bedingtheiten des

---

[83] Ebd.: 198

[84] Girmes 1997: 153

[85] Arendt 1981: 165-168

menschlichen Lebens sind, bedarf es nun einer Auf-
schließung der Mosambikanischen Wirklichkeit, denn
auch hier sind eben jene Bedingtheiten und daraus resul-
tierende Tätigkeiten angezeigt. Welche Natur, welche
Gesellschaft und welche hergestellte Welt den Menschen
dort eine Wirklichkeit sind, und welche konkreten Aufgaben, die eine Erziehungsprogrammatik berücksichtigen
sollte, daraus erwachsen, werden Gegenstände der folgenden Ausführungen sein.

5.2 Über die Auseinandersetzung mit der Natur und die daraus erwachsende Aufgabe, sich gesund zu ernähren und zu reproduzieren - Über das Haben vom Nötigsten und die Artikulation von Selbstversorgung

In Mosambik sehen sich die Menschen vor solche
Aufgaben gestellt, die sie mit allen Menschen gemeinsam
haben, und solche, die aufgrund ihrer spezifischen (natürlichen und kulturellen) Wirklichkeiten anders sind.
Eine Erziehungsprogrammatik sollte sowohl die Univer-
salität als auch die Verschiedenheit menschlicher Aufgaben berücksichtigen. Unsere bisherigen Untersuchungen
haben jedoch den vorher erhaltenen Eindruck, dass das
mosambikanische Bildungssystem wenig Bezug zur eigenen Wirklichkeit nimmt und viele Bezüge zur europäischen Bildung herstellt, unterstrichen.[86] Mittlerweile
werden im universitären Bereich Stimmen mosambikani-

---

[86] Hochschullehrer an der pädagogischen Hochschule des Landes, die Universidade Pedagógica Moçambique, haben nicht in Mosambik promoviert
sondern größtenteils wenn nicht sämtlich ihre Dissertationen an europäischen Hochschulen absolviert. Auch wenn thematisch dabei durchaus das
Mosambikanische Bildungssystem bearbeitet wurde, ist doch die Hauptle-
serschaft dieser wissenschaftlichen Arbeiten europäischer Herkunft und
somit auch auf sie angepasst.

scher Hochschullehrer vernehmbar, das nationale Curriculum intensiver regional anzupassen, was eine deutliche Tendenz in Richtung der Berücksichtigung vorörtlicher Wirklichkeiten bedeuten würde.

Wir wissen bereits, dass Arbeit zum Erhalt jedes menschlichen Lebens nötig ist. Er muss arbeiten, um sich zu ernähren und zu reproduzieren. Eine Erziehung, die diese Reproduktion des Menschen als basale Aufgabe mit im Blick hat, stattet seine Zu-Erziehenden mit den nötigen Kenntnissen über Ernährung aus, aber eben nicht nur das. Sie ermöglicht dem Nachfrager dieses Wissens weiterhin konkrete Übungssituationen, in denen das mosambikanische Kind beispielsweise lernt, heimische Pflanzen zu unterscheiden, zu säen, zu ziehen, zu pflanzen, zu ernähren und zu ernten. Die Institution steht dem selbsttätigen Kind beratend zur Seite, überlässt ihm aber den gesamten Arbeits- und Lösungsprozess und stellt ihm hierfür die nötigen Werkzeuge zur Verfügung. Denn nur, wenn die Kinder ihr Wissen übend und praktisch selbst erarbeiten, aufbauen und anwenden (d.h. Lernschleifen erzeugen), ist einerseits gewährleistet, dass das Wissen tatsächlich Anschluss an die Wissenslandkarte in ihren Köpfen findet und andererseits, dass die Kinder sich ausreichend ermächtigt fühlen, einen so komplexen und essentiellen Prozess wie das Selbstversorgen mit Nahrungsmitteln eigenverantwortlich zu initiieren und erfolgreich in Gang zu halten. Der Erziehungsinstitution kommt daher auch die Aufgabe zu, die Kinder in ihrem selbsttätigen Handeln und Verantworten zu ermutigen, Fehler nicht nur zu tolerieren, sondern sie auch zu begrüßen, denn je mehr Fehler die Kinder in den Übungssituationen machen und bewältigen, desto weitreichender wird ihr Wissen über das Selbstversorgen mit Nahrung, desto gewappneter sind sie für ihr eigenverantwortliches Handeln, in das sie entlassen werden. Natürlich stellt die mosambikanische Wirklichkeit die Menschen dort vor weitere Herausforderungen, die mit der Selbstversorgung einhergehen – dazu gehören die Bodenverhältnisse, die Gewährleistung von ausreichend Bewässerung und der

Schutz vor Erosion. Dennoch wird Mosambik, ohne dass wir darüber genaue Aussagen treffen können, einheimische Pflanzenarten haben, die sich im Laufe der Evolution an die dortigen Verhältnisse ökologisch angepasst haben und die Ernährung der Bevölkerung gewährleisten können. Welche das sind, ist eine essentielle Forschungsfrage. Wichtig ist, diese Pflanzenarten wiederzuentdecken und sie kulturell mit Bedeutung aufzuladen. Beispielsweise könnten sie zum Symbol der neuen Ermächtigung und Unabhängigkeit von Nahrungsmittelimporten gemacht werden, was somit ihrer Akzeptanz und Beliebtheit Vorschub leisten würde. Wenn die Menschen in Mosambik das Anpflanzen und Ernten von Nahrungsmitteln als Werkzeuge zur Gewährleistung von Selbstversorgung erkennen, stehen sie – und auch andere Gesellschaften der Erde – vor einer Entscheidung: Ist das Haben vom Nötigsten genug, oder sollte jeder danach streben, mehr oder gar alles zu haben? Aus der Wahrnehmung der Mosambikaner heraus haben die Menschen in der westlichen Welt alles (als ein unbestimmtes Maß an Objekten wie z.B. Luxusgüter) und sie selbst wenig. Das Streben nach Besitz und Reichtum als mögliche Entscheidung der mosambikanischen Gesellschaft, wenn die Selbstversorgung und damit das Überleben gewährleistet sind, müssen wir in unseren Überlegungen mit in Betracht ziehen. Mit Erich Fromm gesprochen wäre dies eine Entscheidung zwischen der „Funktion des existentiellen Habens"[87] – wir haben es das Haben vom Nötigsten genannt – und dem „Habenmodus der Existenz"[88] als das Streben nach Besitz und Mehrung von Objekten. Überraschen dürfte uns eine Entscheidung des Mosambikaners für das Letztgenannte nicht, denn schließlich verhält sich ein Großteil *unserer* Bevölkerung nach eben diesem Habenmodus:

> *Der Habenmodus der Existenz leitet sich vom Charakter des Privateigentums ab. In dieser Existenzform zählt einzig und allein die Aneignung und mein uneingeschränktes Recht, das Erworbene zu*

[87] Fromm 1976: 103
[88] Ebd: 94

behalten.[...] Es ist die Haltung, die im Buddhismus als Gier, in der jüdischen und der christlichen Religion als Habsucht bezeichnet wird; sie verwandelt alle und alles in tote, meiner Macht unterworfene Objekte. Der Satz »ich habe etwas« drückt die Beziehung zwischen dem Subjekt, ich (oder er, du, wir, sie) und dem Objekt, O, aus. [...] Die Aussage, etwas auf Dauer zu besitzen, beruht auf der Illusion einer unvergänglichen, unzerstörbaren Substanz. Wenn ich alles zu haben scheine, habe ich in Wirklichkeit – nichts, denn mein Haben, Besitzen, Beherrschen eines Objekts ist nur ein flüchtiger Moment im Lebensprozeß. In letzter Konsequenz drückt die Aussage, »ich (Subjekt) habe O (Objekt)«, eine Definition meines Ichs durch meinen Besitz des Objekts aus. Das Subjekt bin nicht ich, sondern ich bin, was ich habe. Mein Eigentum konstituiert mich und meine Identität. Der Gedanke, der der Aussage »ich bin ich« zugrunde liegt, ist ich bin ich, weil ich X habe; X = alle natürlichen Objekte und Personen, zu denen ich kraft meiner Macht, sie zu beherrschen und mir dauerhaft anzueignen, in Beziehung stehe. Im Habenmodus gibt es keine lebendige Beziehung zwischen mir und dem, was ich habe. Es und ich sind Dinge geworden, und ich habe es, weil ich die Möglichkeit habe, es mir anzueignen. Aber es besteht auch die umgekehrte Beziehung: es hat mich, da mein Identitätsgefühl bzw. meine psychische Gesundheit davon abhängt, es (und so viele Dinge wie möglich) zu haben. Der Habenmodus wird nicht durch einen lebendigen, produktiven Prozeß zwischen Subjekt und Objekt hergestellt; er macht Subjekt und Objekt zu Dingen. Die Beziehung ist tot, nicht lebendig. [89]

Dem entgegengesetzt existiert Fromm zufolge die Funktion des existentiellen Habens – ein Haben, das die Reproduktion und das Leben sichert. Demzufolge ist existentielles Haben eng mit dem Terminus des Arbeitens nach Hannah Arendt verwandt, während Arendt aber das Tätigsein des Menschen hervorhebt und Fromm den Fokus eher auf die zu bearbeitenden Dinge legt. Selbst Menschen, die den obengenannten Habenmodus aufgegeben haben, weil sie nicht länger die Objekte ihrer Dinge sein wollen und ihr Subjektsein zurückerobern, müssen das

---

[89] Fromm 1976: 94 f.

existentielle Haben fortsetzen, weil es ihr Überleben gewährleistet:

> *[...] um überleben zu können, erfordert die menschliche
> Existenz, daß wir bestimmte Dinge haben, behalten,
> pflegen und gebrauchen. Dies gilt für unseren Körper,
> für Nahrung, Wohnung, Kleidung und für die
> Werkzeuge, die zur Befriedigung unserer
> Grundbedürfnisse vonnöten sind. Diese Form des
> Habens kann man als existentielles Haben bezeichnen,
> da es in der menschlichen Existenz begründet ist. Es ist
> ein rational gelenkter Impuls, der dem Überleben dient
> – im Gegensatz zum charakterbedingten Besitztrieb,
> mit dem wir uns bisher befaßt haben.*[90]

Der Beitrag Erich Fromms hat unserem Nachdenken
über eine erstrebenswerte Erziehungsprogrammatik einen wichtigen Impuls bzw. Anstoß gegeben. Eine Gewährleistung der Selbstversorgung als das Haben vom
Nötigsten muss nicht das sein, womit sich die Mosambikanische Bevölkerung in ihrem Streben nach Entwicklung und Anschluss an die westliche Welt zufrieden geben wird. Es könnte sein, dass man einer wirtschaftlichen
Entwicklung und dem Streben des Einzelnen nach Be-
sitzanhäufung sehr viel Bedeutung zumisst und sich danach orientiert. Dass eben jenes Leben im Habenmodus
aber nicht zum Glücklichsein des Menschen beiträgt –
dieser Illusion sind nicht nur die Menschen der sogenannten Entwicklungsländer verfallen, sondern jeder
habgierige, neidvolle Mensch erliegt ihr – hat Erich
Fromm soeben deutlich gemacht. Entscheidungshilfen im
Sinne ihres Wortes könnten also zum einen sein Beitrag
über das pathologische Bild des Habens als auch die Rekonstruktion der Geschichte(n) unserer/der „westlichen"
Gesellschaft als eine des Neids, der Habgier, der Süchte
und der psychischen Krankheiten sein. Eine kluge Entscheidung zwischen den beiden Modi, die verantwortet
und reflektiert ist, kann nur entstehen, wenn die Möglichkeiten, sich zu entscheiden, so vielfältig wie möglich
sind, d.h. wenn die mögliche Wahl auf bedeutsames, hin-

---

[90] Ebd.: 105 (Herv. i. O.)

terfragtes, reflektiertes Wissen aufbaut.[91] Selbstaufgeklärte Menschen wissen latent um die Konstruktion von
Nachfragen und Bedürfnissen und darum, dass nicht jede
subjektive Emotion tatsächlich selbstgeschaffen ist –
kann sie in einem sozialen Kontext nicht sein. Hier ist,
wie bereits angedeutet, die Rekonstruktion der Mensch-
heitsgeschichte(n) ein wichtiger Ausgangspunkt und eine
Aufgabe, die wir uns stellen sollten.

Eine weitere Aufgabe, vor die sich Mosambik aufgrund
der Bedingtheiten seiner Wirklichkeit gestellt sieht, ist
der ausreichende Schutz der Bevölkerung vor der Ansteckung mit dem HI-Virus durch die Benutzung von Kondomen. Die folgende Tabelle zeigt die aktuell geschätzte
AIDS-Rate in Mosambik und wie diese sich in den vergangenen acht Jahren entwickelt hat. Für das aktuelle
Jahr hat man zwar einen Rückgang der AIDS-Rate von
acht Prozent prognostiziert, jedoch zeigt die Spalte mit
dem Rang Mosambiks, dass in anderen Ländern die Neuansteckung schneller zurückgeht. Mosambik liegt in der
Liste der Länder mit den höchsten AIDS-Raten weltweit
momentan an achter Stelle hinter Swasiland (26,1 %),
Botswana (23,9 %), Lesotho (23,2 %), Südafrika (18,1 %),
Simbabwe (15,3 %), Namibia (15,3 %) und Sambia (15,3
%).[92] Die folgende Tabelle zeigt die AIDS-Rate der Erwachsenen und ihre Entwicklung in Mosambik.

Jahr	HIV/AIDS Rate Er- wachsene	Rang	Änderung	Informationen Datum
2003	13,00 %	10		2001 est.
2004	12,20 %	10	-6,15%	2003 est.
2005	12,20 %	10	0,00%	2003 est.

[91] s.o. zum ethischen Imperativ von Foersters in Kapitel 4.1, von Foerster et Pörksen 1998: 36

[92] CIA World Factbook https://www.cia.gov/library/publications/the-world-factbook/rankorder/2155rank.html?countryName=Mozambique&countryCode=mz&regionCode=af&rank=8#mz

2006	12,20 %	10	0,00%	2003 est.
2007	12,20 %	10	0,00%	2003 est.
2008	12,20 %	10	0,00%	2003 est.
2009	12,50 %	8	2,46%	2007 est.
2010	12,50 %	8	0,00%	2007 est.
2011	11,50 %	8	-8,00%	2009 est.

Tabelle 1 : Entwicklung der HIV-Rate der Erwachsenen, Quelle:
www.indexmundi.com

Nach Gesprächen mit in Mosambik lebenden Ein-
heimischen aber auch Immigranten ist die noch immer
extrem hohe Ansteckungsrate damit zu erklären, dass
Aufklärungskampagnen, die der Bevölkerung den wirksamen Schutz vor der Infektion mit dem Virus nahebringen sollten, ohne den erhofften Erfolg geblieben sind.

Jahr	HIV/AIDS Todesfälle	Rang	Änderung	Informationen Datum
2003	60.000	14		2001 est.
2004	110.000	8	83,33%	2003 est.
2005	110.000	8	0,00%	2003 est.
2006	110.000	8	0,00%	2003 est.
2007	110.000	8	0,00%	2003 est.
2008	110.000	8	0,00%	2003 est.
2009	81.000	8	-26,36%	2007 est.
2010	81.000	8	0,00%	2007 est.
2011	74.000	7	-8,64%	2009 est.

Tabelle 2 : Entwicklung der Todesfälle durch AIDS in Mosambik,
Quelle: www.indexmundi.com

Die obenstehende Tabelle zeigt, dass die Zahl der Todesfälle aufgrund von AIDS speziell in den vergangenen drei
Jahren zurückgegangen ist. Dieser Erfolg ist jedoch
hauptsächlich auf die bessere medizinische Versorgung
mit lebenswichtigen pharmazeutischen Präparaten zurückzuführen. Das Hauptproblem besteht aber weiterhin
in der hohen Neuansteckung mit der Krankheit. Eine
mögliche Ursache hierfür sehen die Gesprächspartner vor
Ort darin, dass kulturell und individuell die Benutzung
von Kondomen unattraktiv für die Bevölkerung ist. Er-
staunlicherweise haben aber auch in Ländern mit niedri-
ger AIDS-Rate Kondome keinen hohen Stellenwert, und
auch in Deutschland muss man kontinuierlich auf die
allgegenwärtige Gefahr einer AIDS-Ansteckung hinwei-
sen. Der Harvard Senior Research Scientist Dr. Edward
C. Green weist innerhalb der AIDS-Debatte darauf hin,
dass die meisten HIV-Ansteckungen tatsächlich durch
sexuellen Kontakt passieren, aber dass Kondombenutzung nur bei regelmäßiger lückenloser Verwendung vor
der Infektion schützt. Weiterhin betont er, dass die größten Wachstumsfaktoren von AIDS-Infektionen Sex mit
multiplen Partnern und vor allem parallellaufende Sexu-
albeziehungen sind.

> *Having multiple sex partners is what drives HIV epi-
> demics, whether they are primarily heterosexual or
> homosexual. More recently, concurrent partnerships
> have been found to be especially dangerous (efficient in
> HIV transmission). [...] Yet, surprisingly, prevention
> programs funded by major donors have not explicitly
> promoted monogamy or even partner reduction.*[93]

Darauf aufbauend macht er deutlich, dass Kondombenutzung nur zu einer Risiko*minimierung* führt, während das
Ziel von AIDS-Prävention die Risiko*vermeidung* sei, welche nur durch Monogamie und gegenseitige Abstinenz zu
erreichen sei. Als Beispiel führt er den Erfolg des Ugan-
da-Modells an:

---

[93] Green 2007: New Evidence Guiding How we Conduct AIDS Prevention
http://www.newparadigmfund.org/research/green-WKKFpresentation-
091907.pdf

*Uganda demonstrated that AIDS prevention can make
people feel personally vulnerable & afraid of getting
AIDS [...] take certain simple, commonsense steps to
not become infected by not having more than one sex
partner, delaying the age of first sex (condoms back-
up). [...]This was an indigenous, home-grown, African
approach to AIDS. [..]Uganda approached AIDS as a
behavioral rather than technical medical challenge,[...]
tried to influence sexual behavior at a deeper level,
[...]primarily aimed at risk avoidance, [...] did not start
with premise that we cannot (should not?) change sexual behavior[...].*[94]

Wenn wir also AIDS generell und in Mosambik erfolgreich bekämpfen wollen, sollten Aufklärungskampagnen
nicht eine neue Verhaltensweise implementieren wollen
(nämlich die vielerorts unbekannte Benutzung von Kondomen), denn hierbei stoßen sie auf stillen aber auch offenen Widerstand. Allein das Wie der Benutzung/die Be-
schaffung/die mangelnde Akzeptanz des Kondoms sind
bereits starke Erfolgshemmer. Uganda ist einen anderen
Weg gegangen und hat nicht *neue,* sondern *alte* Verhaltensweisen proklamiert. Dieses Modell ist möglicherweise
deshalb erfolgreicher, weil es anschlussfähig an beispielsweise religiöse Gebote (ob islamischer oder christli-
cher Herkunft) oder afrikanische Traditionen ist. Selbst
Polygamie erfährt in der Anti-AIDS-Bewegung Ugandas
Berücksichtigung mit dem Hinweis, dass alle Frauen eines Ehemannes ihm treu sein sollen, um die Ansteckung
zu vermeiden. Demgegenüber haben die meisten AIDS-
Präventionen nicht direkt das Sexualverhalten adressiert,
sondern ein Gesundheitsversprechen durch bloße Risikominimierung gemacht.

*Note the difference between targeting sexual behavior
itself, versus leaving sexual behavior alone but with the
promise of enhanced safety through risk-reduction.*[95]

---

[94] Ebd. (Herv. i. O.)

[95] Ebd.

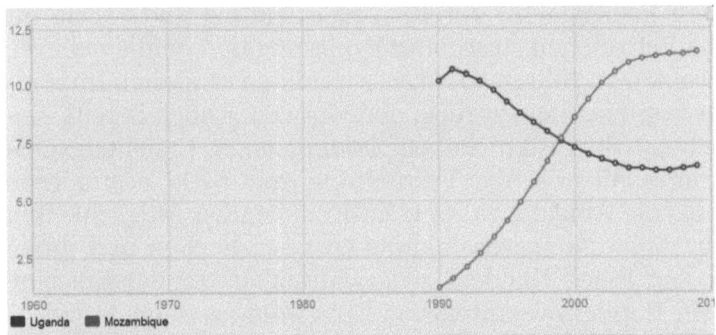

Abbildung 1 Entwicklung der AIDS-Rate in Uganda gegenüber Mosambik[96]

Die obenstehende Abbildung macht deutlich, welchen Einfluss das Uganda-Modell der AIDS-Prävention auf die Entwicklung der AIDS-Rate hatte und weiterhin hat, währenddessen diese in Mosambik seit 1990 kontinuierlich anstieg. Welche Auswirkungen hat das auf eine Erziehungsprogrammatik in Mosambik? Wir werden nicht postulieren, dass Menschen in einer monogamen Beziehung leben *müssen*. Was aber kommuniziert werden muss, ist der direkte Zusammenhang zwischen der Ausbreitung der AIDS-Epidemie und dem Geschlechtsverkehren mit mehreren wechselnden Partnern. Hier greift nämlich ein Effekt, der einem Netzwerk ähnlich ist. Wechselnde Partner verkehren mit Menschen, die ihrerseits wiederum wechselnde Partner haben – es entstehen sexuelle Netzwerke und auf direkte und indirekte Weise ist jeder miteinander sexuell verbunden. Dass hierbei die AIDS-Ansteckung sich potenziert, ist schnell nachvollziehbar – und genau hierüber müssen die Menschen Mosambiks qua Aufklärungskampagnen informiert werden. Risikovermeidung kann nur gewährleistet werden, wenn der Einzelne sich diesen sexuellen Netzwerken fernhält. Bewusst sprechen wir von „sexuell", denn eine Meidung von mit dem HI-Virus infizierten Menschen ist

[96] Weltbank-Daten
http://data.worldbank.org/indicator/SH.DYN.AIDS.ZS/countries/UG-MZ?display=graph

kein Erfolgsfaktor zur Risikovermeidung und würde für die Betroffenen zu sozialer Isolierung und damit weiteren Problemen führen. Denken wir an den ethischen Imperativ von Foersters zurück, den wir weiter oben bereits eingehend dargestellt haben, kommt einer Erziehungsprogrammatik, die die Verbreitung von AIDS minimieren will, die Aufgabe zu, den Zu-Erziehenden Möglichkeiten zur Ansteckungsvermeidung zu vervielfachen und ihnen so ein freies Handeln zu gewähren. Bevor der Einzelne sein Handeln verantworten kann, muss er seine Möglichkeiten und deren eventuelle Folgen kennen. Erziehungsinstitutionen, die sich der Aufgabe der AIDS-Aufklärung stellen wollen, können ihre Nachfrager mit Informationen darüber versorgen, dass eben beispielsweise die Benutzung von Kondomen nur dann hilfreich ist, wenn sie bei *jedem* Geschlechtsverkehr zum Einsatz kommen. Sie bieten ihnen aber auch die nötigen Informationen darüber, dass eine mögliche gänzliche Verhaltensänderung, was geschlechtliche Beziehungen angeht, zu Risikovermeidung führen würde. Der Mensch hat nun nicht mehr nur *eine* Möglichkeit, zu handeln, z.B. Kondombenutzung, sondern *mehrere* Möglichkeiten, nämlich: den ersten Geschlechtsverkehr hinauszuzögern; Geschlechtsverkehr mit nur *einer* Person (anstatt gleichlaufende Geschlechtsbeziehungen) zu haben; lange und treue Beziehungen zu führen; Sex für die Ehe aufzusparen; etc. Erst wenn jeder Einzelne sich seiner zahlreichen Möglichkeiten und ihrer Vorteile bewusst ist, dann hat er eine wirkliche Wahl und auch erst dann kann er für seine Wahl persönliche Verantwortung übernehmen. Das Ohnmachtsgefühl, gar nicht beeinflussen zu können, ob man erkrankt, würde entscheidend verringert. Stattdessen könnte das Gegenteil erreicht werden: Das Individuum hat sein Schicksal zu einem größer werdenden Teil wieder selbst in der Hand. Um den Menschen in Mosambik die Wahlmöglichkeiten ihres Handelns zu bieten und zu vervielfachen, müssen sie diese Möglichkeiten und ihre Vorteile kennen, weshalb sie in jedem Fall in eine

Programmatik der gesunden Reproduktion Eingang finden sollten.

5.3 Über die Auseinandersetzung mit den anderen Menschen und die daraus erwachsende Aufgabe, sich zivil zu vergesellschaften - Über das Sein, was man will

Menschen werden immer in eine Gesellschaft von anderen Menschen hineingeboren. Diese Gesellschaft existiert also schon, wenn der neue Mensch dazukommt. In diese bestehende Gesellschaft integriert sich der Neuankömmling bzw. wird durch die vor ihm dagewesenen Menschen in sie hinein geübt. Wieder steht das Individuum vor der Herausforderung, sich auf der einen Seite als den anderen Menschen gleichend in das bestehende Dasein der Menschen zu integrieren und sich doch als Individuum von anderen zu unterscheiden. Gleichzeitig erfahren jene Menschen, die den Neuankömmling willkommen heißen, ein Gefühl der Unsicherheit, denn mit dem Moment des Geborenwerdens ist auch immer ein Moment des Neuanfangens verbunden, auf den die dagewesene Menschheit keinen direkten Zugriff haben sollte.[97]

> Aus dem Gesagten ergibt sich, daß das sich Ein- und Anpassen in eine Lebensform bedeutet, als Neuankömmling teilzuhaben an der von den umgebenden Menschen geschaffenen realen Welt und an ihrer Vorstellungswelt. Diesem Teilhabenwollen und -müssen der „Neuen" um ihres Überlebens willen, steht ein Teilhaben-lassen-wollen der Menschengemeinschaft gegenüber, die aufgrund ihrer Sterblichkeit nur so den Bestand ihrer Lebensform sichern kann. Teilhabenwollen und Teilhabenlassen an der gemeinsamen Welt der Sterblichen bedeutet, daß die nachwachsenden Generationen die Menschenwelt,

---

[97] Vgl. Girmes 1997: 157

die sie vorfinden, quasi nach-konstruieren, *um sie zu* verstehen *sowie, daß die Formen, in dieser Welt zu leben, durch die erwachsene Generation um des Fortbestands willen* tradiert *werden. Zur Gewährleistung der Funktionsfähigkeit der Vollzüge im jeweils aktuellen Leben werden die nachwachsenden Generationen in den Mitvollzug dieses Lebens* eingeübt, *dazu werden sie in das Verständnis der Welt, wie sie den Menschen erscheint und von ihnen konstruiert wurde,* eingeführt.[98]

Nachwachsende Generationen stehen demnach also mit dem Moment ihrer Geburt vor der Aufgabe, die Pluralität der Menschenwelt, in die sie nun eingeübt werden, zu bewältigen, indem sie sich gegenseitig ihre Verschiedenheit kommunizieren. Mit der Kommunikation wiederum verbindet sich der Imperativ des einen gemeinsam geteilten Codes, z.B. einer gemeinsamen Sprache, damit die Individualität des Einzelnen überhaupt vermittelbar und verstehbar wird.

Und so sind Sprechen und Handeln nicht nur Ausdruck von Verschiedenheit, sondern immer auch von Gemeinsamkeit, der Gemeinsamkeit, die miteinander geht: Konvention. *Konvention im Handeln und im Gebrauch der Sprache und oder vielleicht richtiger: qua Sprache zu entwickeln und zu erhalten, ist den Menschen aufgegeben, weil sie zu vielen Verschiedenen und zugleich sozial miteinander leben.*[99]

Mit dem weltumspannenden Netz der gemeinsamen Kommunikation kommt dieser Aufgabe der verstehenden Interaktion zwischen Verschiedenen immer mehr Bedeutung zu. Dies gilt in gleichem Maße auch für Mosambik, denn mittlerweile hat auch hier geradezu jeder ein Mobiltelefon – das Funknetz ist besser ausgebaut als jede andere Infrastruktur. Auch auf das Internet wird via Mobilfunknetz zugegriffen. Mit diesen Zugängen ergibt sich für die mosambikanische Gesellschaft erstmals die reale Chance, an der Weltgesellschaft – genauer einer Zivilgesellschaft – teilzunehmen. Um dieser Teilnahme an einer

---

98 Ebd.: 152 (Herv. i. O.)
99 Ebd.: 153 (Herv. i. O.)

Zivilgesellschaft oder Weltgesellschaft Möglichkeiten einzuräumen, bedarf es eingangs ihrer Definition. Eine mögliche Begriffserklärung liefert Jürgen Habermas in seinem Beitrag über den „Strukturwandel der Öffentlichkeit":

> *Zivilgesellschaft als nichtstaatliche und nichtökonomische Zusammenschlüsse auf freiwilliger Basis, die, um nur unsystematisch einige Beispiele zu nennen, von Kirchen, kulturellen Vereinigungen und Akademien über unabhängige Medien, Sport- und Freizeitvereine, Debattierclubs, Bürgerforen und Bürgerinitiativen bis zu Berufsverbänden, politischen Parteien, Gewerkschaften und alternativen Einrichtungen reichen.*[100]

Bei der Vielzahl an möglichen Definitionen ist doch auffällig, dass unisono Zivilgesellschaft als von systemischen Zwängen des Politischen oder Wirtschaftssystems fern verstanden wird. Weiterhin wird deutlich, dass Zivilgesellschaft nicht an Staaten gebunden ist, sondern dass es sich um spontane, freiwillige Zusammenschlüsse handelt mit selbstgewählten Zielen und Visionen somit auch selbstgewählten Daseinsberechtigungen. Zivilgesellschaft baut auf verschiedene Institutionen auf, wie z.B. die von Habermas genannten. Für die Menschen (Mosambiks) ergibt sich mit diesen Zusammenschlüssen, welche die Zivilgesellschaft charakterisieren, ein Teilhaben an der Weltgesellschaft aller Menschen. Soziale Netzwerke unterstützen deren Kommunikation und kanalisieren potentiell unendliche Zugänge. Mit dem Teilhaben am weltumspannenden Gemeinwesen haben Menschen nicht nur die Möglichkeiten, sich latent alle verfügbaren Daten und Informationen zu beschaffen, sondern wahres Teilhaben impliziert auch die Fähigkeit und Berechtigung, diese Informationen zu bewerten/zu hinterfragen/zu dekonstruieren. Was dadurch entstehen kann, ist ein ermutigtes Bewusstsein davon, eine Stimme zu haben, die weltweit erhört wird. Welche ermächtigende Auswirkung die-

---

[100] Habermas 1990: 46

ses ermutigte Bewusstsein auf den Einzelnen haben wird, kann jetzt noch nicht umfassend beschrieben werden, jedoch lässt sich erahnen, dass politische und national-staatliche Grenzen nicht unpassierbar sind, selbst wenn sie endgültig entschieden und konstruiert worden sind.

Eine wünschenswerte Erziehungsinstitution kann unserer Ansicht nach eben jene Merkmale einer Zivilgesellschaft haben: autark, autonom, spontan nutzbar, freiwillige Zusammenschlüsse unter gemeinsamen Zielen und mit gemeinsamer Vision, unabhängig von Staatsgrenzen oder den systemischen Eingriffen von Politik- und Wirtschaftssystem. Das Wie dieser Erziehungsinstitution wird Gegenstand der folgenden Kapitel (7 und 8) sein.

5.4 Über die Auseinandersetzung mit den anderen Dingen und die daraus erwachsende Aufgabe, die Wirklichkeit nachzuvollziehen und zu verstehen - über die Artikulation von Selbsttätigkeit

Wie wir mit Hannah Arendt bereits erfahren haben, sind Menschen herstellend tätig, da sie sich eine menschliche Welt erschaffen müssen. Seit Renate Girmes fand dieser Gedanke seine Erweiterung, dass nämlich nicht nur Dinge sondern auch Gedankendinge den Lebensraum konstituieren, in den die Neuankömmlinge hineingeboren werden.

Der Lebensraum ist im Großen wie im Kleinen von Menschen gestaltet, die erfahrbaren Phänomene sind benannt, geordnet und haben ihren Platz in Wissenssystemen. So ist die Menschenwelt eine von den Menschen hergestellte Welt. Wenn diese, über eine unendliche Zeit und von vielen Generationen erbrachte Leistung den neu ankommenden Generationen dienen soll, dann müssen sie lernen, die so konstituierte Welt zu erfassen und zu verstehen, um sich in ihr bewegen zu können. Und so ist die Einführung in die menschenkonstituierte Welt eine Aufgabe der Erziehung, die sich jeder Menschengesellschaft stellt.[101]

Eine Erziehungsprogrammatik, die auf der einen Seite in die menschenkonstituierte Welt, wie Girmes sie nennt, einführen muss und auf der anderen Seite aber eine Programmatik sein will, die der nachwachsenden Generation vertrauensvoll und ihr Verantwortung für ihr eigenes Sich-Bilden überlassend entgegentritt, hat eine „Lücke" im Baeckerschen Sinne zu füllen.[102] Das Füllen dieser Lücke ist kein zum Scheitern verurteiltes sondern ein befreiendes Unterfangen, denn es erzeugt für beide Akteursseiten der Erziehung ein Mehr an Freiheit. Die Theorie, auf diese sich unsere befreiende Programmatik stützt, ist die Erkenntniskritik des Konstruktivismus, welchen wir unserer Lerntheorie zugrundelegen. „Der Konstruktivismus betont zunächst, dass wir einer oft von Menschen naiv unterstellten unmittelbaren Verbindung von (>>da draußen<<) und Abbild (>>in uns<<) misstrauen müssen."[103] Stattdessen kann davon ausgegangen werden, dass jeder Mensch die Welt wahrnimmt und ein Verständnis von ihr und über sie – Wirklichkeit genannt – konstruiert. Kersten Reich verbindet diese konstruktivistische Grundannahme gleichzeitig mit einer Theorie der Didaktik und betont sinngemäß, dass weder Lehrer noch irgend andere Mitglieder der Gesellschaft, die die nachwachsende Generation willkommen heißt, diesen ihren Beobachtungen und Kenntnisse als allgemein und immerwährend gültig vermitteln dürften, da auch sie als Teil einer Kultur/eines Systems/einer Interaktionsgruppe ihr Verständnis der Realität konstruiert und damit sowohl subjektiv als auch kulturell erschaffen haben:

> *Es gibt in keinem interagierenden System, in keinem Beziehungsgeflecht Beobachter, Teilnehmer oder Akteure, die allein aus ihrer Position heraus definieren sollten, welche beste oder letzte Beobachtung für*

---

[101] Girmes 1997: 183

[102] Baecker 1999: 341

[103] Reich 2006: 74

andere auf Dauer zu gelten hat. Auch solche vermeintlich besten und letzten Beobachter sind Teil eines Systems, in dem sie relativ zu- und miteinander interagieren. [...] Dies hindert nicht, dass sich Verständigungsgemeinschaften darauf einigen können, viable Lösungen (z.B. in technischen und regulativen Fragen) auf eine gewisse Zeit für die günstigsten oder erfolgreichsten zu halten. Sie können diese dann kritisch rekonstruieren und als ihre Lösungsmöglichkeiten (in Abgrenzung zu anderen) markieren.[104]

Für die von uns entwickelte Erziehungsprogrammatik hat dieses Verständnis weitreichende Konsequenzen, denn auf der einen Seite müssen auch wir uns der Konstruiertheit unserer Annahmen, auf denen wir jeden Gedanken aufgebaut haben, gewahr werden, auf der anderen Seite erfährt die Erziehungsprogrammatik dank dieses Verständnisses wertvolle Konkretisierungen. Weiter oben sprachen wir von einer befreienden Erkenntnis, die wir im Folgenden erläutern werden: Wir schließen nun die Lücke, die sich ergeben hat aus der Notwendigkeit, einerseits die nachwachsende Generation in die bestehende Welt einzuführen und andererseits ihre Freiheit nicht zu beschneiden und ihre Bildung auf Artikulation von *Selbstverantwortung* für ihr Sich-Bilden aufzubauen. Die drei Grundtätigkeiten, die das leisten können und die dazu nötig sind, heißen: Rekonstruktion, Dekonstruktion und Konstruktion. Mithilfe der Rekonstruktion erhalten die Zu-Erziehenden die Möglichkeiten und das nötige Erkenntniswerkzeug, die sie umgebende Wirklichkeit zu verstehen und aufzuschlüsseln. Wichtig hierbei sind nicht, wie die Fokussierung der Schule es vielleicht bisher vermuten ließ, die naturwissenschaftlichen und physikalischen Gesetzmäßigkeiten der Welt, denn auch von ihnen können wir annehmen, dass sie konstruiert sind und in absehbarer Zeit von einer weiteren, passenderen Konstruktion/Erkenntnis abgelöst werden. Wichtiger sind vielmehr die Rekonstruktionen der menschlichen Geschichte, von denen wir dem Lernenden erzählen und

---

[104] Ebd.: 74 f.

gleichzeitig betonen sollten, dass diese Geschichten kontingent sind. Menschenleben haben Geschichte geformt, hätten Menschen anders gelebt, wäre die Geschichte anders verlaufen. Wir sollten weiterhin dafür Sorge tragen, dass die nachwachsende Generation in der Lage ist, kulturelle Zusammenhänge zu rekonstruieren, um ihr Verständnis *davon* zu unterstützen, dass *sowohl subjektiv als auch kulturell* Konstruktionen von der Welt erschaffen und zu Informationen und später zu Wissen gemacht werden können. Zwischen den Kulturen hat die Menschheit in ihrer Vergangenheit sehr viele Erkenntniskonstruktionen erschaffen, dabei ist die Subjektperspektive mitunter verloren gegangen. Der Komplexitätsreduktion geschuldet haben wir Konstruktionen vom „anderen Volk" erschaffen, welche uns auf der einen Seite den neurologischen Umgang mit dem Bild vom anderen Volk zwar erleichterten, auf der anderen Seite aber den einzelnen Menschen als jedem Menschen gleichend aus den Augen verloren haben. Interkulturelle Kompetenz ist nicht umsonst auf die Lehre vom individuellen Subjekt aufgebaut, das sich innerhalb der Weltgesellschaft mit jedem anderen gleichen kann. Durch die Tätigkeit der Rekonstruktion jedweder menschlicher bisher geschaffener Konstruktionen erhöhen wir das Verständnis von der Welt der Dinge aber auch vom Zwischenmenschlichen auf nicht absehbare Weise. Gleichzeitig reduziert sich unsere Erziehungstätigkeit auf das Ermutigen und Vermitteln dieser Tätigkeit. Rekonstruktion bedarf verschiedener Werkzeuge. Diese zu beschaffen und dem Lernenden bei Bedarf auszuhändigen ist eine weitere Aufgabe, die der Erziehung zukommt, jedoch regelt wie angedeutet die Nachfrage das Angebot. Hiermit unterscheidet sich unsere Programmatik erneut von Schule, denn Schule macht Angebote, die von der Nachfrage ihrer Konsumenten allzu oft unabhängig sind. Der *Lerner* ist verantwortlich für sein Sich-Bilden und uns kommt die Aufgabe zu, diese Selbstverantwortung zu unterstützen und zu artikulieren. Dass wir sämtliche Wissensbestände der Menschheitsgeschichte aufbewahren, damit der Neuankömmling jederzeit eigenverantwortlich und selbstgesteuert darauf zugreifen kann, um zu rekonstruieren, was ihn umgibt, ist beinahe eine Selbstverständlichkeit – und seitdem jeder einzelne Computer an das Internet angeschlossen ist, verfügen wir über latent unendlich viel Speichermedium und sekundenschnelles Aufrufen der Informationen wird möglich. Das Werkzeug, welches hierfür nötig ist, haben wir bereits beschrieben: Es ist zum einen das Beherrschen einer gemeinsam geteilten Sprache/Dekodierungsfähigkeit und zum anderen die Bedienung der Computer-Aktanten.

Kommen wir nun zur zweiten Tätigkeit, die die Lücke zwischen dem Sich-Einüben in die bestehende Welt der Dinge und die Artikulation von Selbstverantwortung für das Sich-Bilden schließt, nämlich: Dekonstruktion. Sie geht einher mit der Rekonstruktion der den Lernenden umgebenden Welt, die schon vor seiner Geburt existiert hat. Denn mit den Verständnissen und Erkenntnissen, die der Lernende mittels Rekonstruktion erhält, wird ihm bewusst und möglich, dass das ihm Übermittelte und Vermittelte keiner Wahrheit entsprechen kann, sondern wiederum eine menschliche oder kulturelle Konstruktion ist. Dekonstruktion ist die Tätigkeit, welche dem Individuum Freiheit zurückgibt, die es dringend benötigt, wenn es sich bilden will. Nichts, was eine willkommen heißende Generation ihren Neuankömmlingen als gegeben vermitteln könnte, wäre wahr – alles lässt sich dekonstruieren und auf mögliche Ursachen zurückverfolgen. Nur, wenn wir dem Neugeborenen in der Welt die Möglichkeit einräumen, alles zu dekonstruieren, die Kontingenz jedweder getroffenen Entscheidung, jedwedes hergestellten Dinges, jedweder gedachten Erkenntnis, jedweder interpersonalen Lebensform etc. zu offenbaren, haben wir den Weg für eine selbstverantwortete, selbsttätige Bildung geebnet. Hieraus lässt sich rein hypothetisch denken, dass eine Gesellschaft, die ihren Nachkommen beide Tätigkeiten (Re- und Dekonstruieren) ermöglicht, in absehbarer Zeit auf die Dekonstruktion verzichten kann, denn wenn jeder mit dem Bewusstsein der Konstruiertheit von

Welt sich selbst bilden dürfte, bedarf es irgendwann keiner Dekonstruktion vermeintlicher Wahrheiten/Zwänge/Machtbeziehungen mehr. Für das Einüben des geborenen Individuums in die bestehende Welt sind die beiden genannten Tätigkeiten die möglicherweise wichtigsten und schlüssigsten Werkzeuge, weil sie auf der einen Seite das Verstehen und die Sozialisation in die vom bereits dagewesenen Menschen hergestellte Welt ermöglichen und gleichzeitig den Neuankömmling dazu befähigen, diese hergestellte Welt der Dinge und des Wissens als kontingent zu dekonstruieren. Somit durchbricht das Neugeborene vorhandene Machtstrukturen/Interessenskonflikte/Misstrauen/Kontrollmechanismen – dies sind alles Werkzeuge der bestehenden Generation zur Vermeidung von Ungewissheit und Furcht vor dem radikalen Neubeginn und somit vor der Zerstörung der bestehenden, von ihr hergestellten Welt durch den Neuankömmling – und erzeugt sich selbst die nötige Freiheit, die es braucht, um sich zu formen, d.h. zu bilden.

Die dritte Tätigkeit, welcher wir die wichtigste Bedeutung für die Artikulation von Selbsttätigkeit als Modus und Ertrag von Bildung beimessen, ist die der Konstruktion. Konstruktion ist in diesem Kontext eng verbunden mit dem handelnden Subjekt, in unserem Fall mit dem Lernenden. Wir gehen davon aus, dass, wenn wir Bildung als die eigenverantwortete Formung des Subjekts verstehen, durch diese dritte Tätigkeit der Konstruktion/des Tätigseins in der Welt der Lernende seine Möglichkeiten zu handeln, enorm vervielfachen kann. Dazu ist es nötigt, Konstruktion – oder die Artikulation von Selbsttätigkeit, wie wir sie beschrieben haben – als eine Aktivität zu verstehen, die durch ein handelndes selbstbestimmtes Subjekt vollzogen wird. Erich Fromm hat auch hierfür einen Begriff – nämlich den der „produktiven Aktivität" entwickelt:

> In der entfremdeten Aktivität erlebe ich mich nicht als aktives Subjekt meines Handelns, sondern erfahre das Resultat meiner Tätigkeit, und zwar als etwas »da

drüben«, das von mir getrennt ist und über mir bzw.
gegen mich steht. Im Grunde handle nicht ich; innere
oder äußere Kräfte handeln durch mich. Ich bin vom
Ergebnis meiner Aktivität getrennt worden. [...] Bei
nichtentfremdeter Aktivität erlebe ich mich als
handelndes Subjekt. Nichtentfremdete Aktivität ist ein
Prozeß des Gebarens und Hervorbringens, wobei die
Beziehung zu meinem Produkt aufrechterhalten bleibt.
Dies impliziert auch, daß meine Aktivität eine
Manifestation meiner Kräfte und Fähigkeiten ist, daß
ich eins bin mit meiner Aktivität. Diese nicht
entfremdete Aktivität bezeichne ich als produktive
Aktivität.[105]

In den vorangegangenen Überlegungen zur Auseinandersetzung des Menschen mit der Welt der hergestellten
Dinge und des Wissens haben drei Tätigkeiten vorgestellt, die die Lücke zwischen dem Einüben der nach-
kommenden Generation in die bestehende Welt und ihrem tätigen, aktiven Neubeginn in dieser Welt schließen.
Re- und Dekonstruieren helfen dem Ankömmling, die ihn
bei seiner Ankunft umgebende Welt nachzuvollziehen, zu
verstehen, sich darin zurechtzufinden und gleichzeitig sie
als kontingent, also veränderbar, nicht gegeben, sondern
eben gemacht zu verstehen. Diese beiden Tätigkeiten
sollen und dürfen den Nachkommen dazu anregen,
selbsttätig und konstruierend tätig zu werden und diese
Welt nach seinen Vorstellungen (und denen der mit ihm
Ankommenden) neu zu setzen/zu verändern und produktiv darin aktiv zu werden (im oben genannten Frommschen Sinne).

---

[105] Fromm 1976: 110 f.

5.5 Über die Auseinandersetzung mit sich selbst und die daraus erwachsende Aufgabe, frei zu wollen und verantwortet zu handeln - über die Artikulation von Selbstverantwortung

Mit den Tätigkeiten der De- und Re-Konstruktion ist nun jeder Mensch in der Lage, jegliche vor und während seiner Existenz gemachte Konstruktionen nachzuvollziehen. Seine Einübung in die bestehende Welt ist somit gewährleistet. Weiterhin hat er sich durch die Tätigkeit der Dekonstruktion selbst die nötige Freiheit geschaffen, die es braucht, um selbst tätig werden, kluge Entscheidungen zu treffen, zu handeln, zu reflektieren und zu verantworten. Jeder dieser Prozesse ist ein Teil der dritten Tätigkeit: nämlich Konstruktion.

De- und Rekonstruktion sind, wenn wir wieder auf von Foerster zurückkommen wollen, potentiell *die* Tätigkeiten, mit denen sowohl die Erziehenden als auch die Zu-Erziehenden zu den Möglichkeitenvervielfachern werden könnten, die es braucht, um die nachwachsende Generation zu freiem Handeln und Verantwortungsübernahme zu befähigen. Die beiden letztgenannten sind in diesem Sinne dann die *durchdachte* Setzung bzw. Konstruktion. Auf Basis vorigen Verstehens, Handelns und Verantwortens wird eine *professionalisierte* Neu-Setzung bzw. Neu-Konstruktion möglich, welche somit an der „Bildung" des selbstverantworteten Menschen teilhat.   Der Mensch wird selbstverantwortet *tätig* und jede dieser Taten erfährt in der Gesellschaft der Menschen eine Rekonstruktion, weil sie beobachtet wird, und weil auch der Mensch selbst seine Tat beobachten kann. Auf welche Weise eine Setzung wiederum rekonstruiert wird, ist dem Handelnden wichtige Information über seine Konstruktion/sein Tätig-Sein – eine Lernschleife/ein Re-Entry[106] im Sinne

---

[106] Spencer-Brown 1997: 60-66

George Spencer-Browns sozusagen, die/das in sein Bewusstseinssystem re-integriert wird, und dort Lernen und Mensch-Bildung ermöglicht. Was, so wird durch Spencer-Browns Beitrag zu den „Laws of Form" deutlich, für diese Reintegration der Unterscheidung (Beobachtung ist in diesem Sinne immer eine Unterscheidung zwischen Beobachtbarem und nicht-Beobachtbarem[107]) nötig ist, ist eine Distanz zwischen dem Beobachter und der Unterscheidung (die Beobachtung). Renate Girmes entwickelte für die Person des Erziehers den Begriff der „Selbstdistanz"[108], welcher jedoch generell also auch für die Zu-Erziehenden Berücksichtigung finden sollte, denn er macht deutlich, dass für die Beobachtung der eigenen Beobachtung, nämlich die Beobachtung zweiter Ordnung, eine Distanz erforderlich ist:

> *Was ich meine, möchte ich gerne ‚Selbstdistanz' nennen und damit darauf hinweisen, daß ja nicht nur die nachwachsende Generation ihre Welt – wie wir gesehen haben unter Verwendungen von Konstruktionsideen voraufgehender Generationen – konstituiert, sondern daß die Erwachsenen eben das auch getan haben. Selbstdistanz bedeutet, als Erziehender von der eigenen Konstruktion zurücktreten zu können, selbst dann, wenn man sich selbst keine alternative Konstruktion vorstellen kann. [...] Selbstdistanz zu haben, bedeutet also, um die Konstruiertheit der eigenen Welt und Konstruktionsleistung und –modalität der dabei übernommenen Begriffe, Verfahren, Qualitätsvorstellungen etc. zu wissen.[109]*

Was Girmes eigentlich als Aufgabe des Erziehenden beschrieb, ist latent für jeden Lernenden essentiell, weil es das Beobachten eigener Beobachtungen – und diese Beobachtungen als Unterscheidungssetzungen sind immer konstruktiv – ermöglicht und somit den Weg ebnet für ein Re-Entry dieser Unterscheidungsbeobachtung in das eigene Bewusstseinssystem und dort weitere *bedachte*

---

[107] Vgl. Ebd.: 54 zu „marked space" und „unmarked space"
[108] Girmes 1997: 187 f.
[109] Ebd.

Konstruktionen ermöglicht. Dieses Phänomen ist beobachtbar, wenn Lernende ein Feedback erhalten, welches ohne Selbstdistanz gar nicht anschlussfähig wäre. Die Beobachtung eines Anderen kann nur nachvollzogen werden auf Basis einer Selbstbeobachtung – d.h. wenn das Individuum *seine* Wahrnehmung mit der *des anderen* abgleichen kann. Wenn das Individuum seine Beobachtungsunterscheidungen und somit seine Fokussierungen, seine Werte, seine Qualitätsvorstellungen und Begriffe bewusst beobachtet und bewertet, können wir von echter Reflektion sprechen – und diese wiederum ist die Basis von Verantwortungsübernahme für eigenes Handeln und Entscheiden und in letzter Konsequenz der Ertrag von Bildung – nämlich der Bildung des eigenen Seins.

Nun ist der Begriff des Seins ebenfalls ein vielfach diskutierter und das Verständnis dieses Begriffs, welches unserer Argumentation zugrundeliegt, braucht erläuternde Klärung. Wir beziehen uns hierbei auf den Seinsmodus, den Erich Fromm geprägt und beschrieben hat:

> *Die Voraussetzungen für die Existenzweise des Seins sind Unabhängigkeit, Freiheit und das Vorhandensein kritischer Vernunft. Ihr wesentlichstes Merkmal ist die Aktivität, nicht im Sinne von Geschäftigkeit, sondern im Sinne eines inneren Tätigseins, des produktiven Gebrauchs der menschlichen Kräfte. Tätigsein heißt, seinen Anlagen, seinen Talenten, dem Reichtum menschlicher Gaben Ausdruck zu verleihen, mit denen jeder – wenn auch in verschiedenem Maß – ausgestattet ist. Es bedeutet, sich selbst zu erneuern, zu wachsen, sich zu verströmen, zu lieben, das Gefängnis des eigenen isolierten Ichs zu transzendieren, sich zu interessieren, zu geben.*[110]

Wir nutzen deshalb den Frommschen Seinsbegriff, weil er mehr impliziert als das bloße *Dasein* des Subjekts. Er hat die Qualität des Seins mit im Blick und ist deshalb wertvoll für unsere Erziehungsprogrammatik, denn wenn wir die Bildung als das selbstverantwortete Sich-Formen

---

110 Fromm 1976: 107

des Subjekts verstehen und eben nicht als das Formen der Menschheit, haben wir diese spezifische Qualität des Seins latent bereits angedeutet: es geht um die Ausformung und Ausbildung *der* Seinseigenschaften, die das Subjekt bereits veranlagt hat, für die es eine Hingabe hat. Eine Erziehungsprogrammatik, die dieser Qualität des Seins gerecht werden will, unterstützt die Bildung des Seins, als das Bilden dessen, wie das Subjekt *sein will.*

Zu welchen Schlussfolgerungen lassen uns die vorangegangen Überlegungen kommen und welche Ausdifferenzierung eines Bildungssystems würden wir demnach erdenken und befürworten? Ein Bildungssystem – generalisiert betrachtet – organisiert immer Akteure und Settings so, dass die Systemaufgabe erfüllt wird. Akteure in diesem Sinne sind die Erziehenden als pädagogisch mehr oder weniger professionell ausgebildete Handelnde mit subjektiven Rollen, Begehren, Prägungen, Weltbildern etc. Akteure sind weiterhin die Zu-Erziehenden als die Konsumenten der schulischen Angebote. Ihnen kam bisher latent die Rolle der Bildungsempfänger zu, eine Rolle als Objekte der Schule/des Lehrplans/Objekte des Systems etc. Die Settings in diesem Sinne sind die Lernräume (Klassenzimmer, Gärten („escola embaixo da arvore" als ein gängiger Begriff in Mosambik: Schule unter dem Baum), die darin enthaltenen Aktanten als Medien, Raumausstattungen etc.). Welche jedoch nicht so ohne Weiteres zu benennen ist, ist die Systemaufgabe des Bildungssystems, wenn wir es generalisiert betrachten – und genau dieser Systemaufgabe, die jeder offenen und versteckten Systemhandlung und –kommunikation übersteht, kommt eine große Bedeutung zu. Wir haben es hier mit einem wichtigen Erkenntnisproblem zu tun, denn implizit mag ein jeder Beobachter des Bildungssystems eine offene und eine verdeckte Systemaufgabe ausfindig machen – Ivan Illich z.B. hat die Systemaufgabe als die Verschulung der Gesellschaft aufgedeckt und die Systemkommunikation unter seinem Begriff des „heimlichen Lehrplans" (s.o.) zusammengefasst als die „Botschaft, dass der einzelne nur durch Schulung sich auf das Leben

als Erwachsener in der Generation vorbereiten könne,
dass das, was nicht in der Schule gelehrt wird, völlig wertlos sei, und dass das, was außerhalb der Schule zu lernen
ist, nicht wissenswert sei."[111]
Unsere Erziehungsprogrammatik hat aber eine andere
Systemaufgabe umrissen, derer sich funktionale Bildungssysteme verschreiben könnten, wenn sie dazu fähig
und bereit wären. Dem Bildungssystem kommt unserer
Auffassung nach die Aufgabe zu, seine Akteure und Settings so zu organisieren, dass die Subjektbildung frei gewollt möglich ist. Subjektbildung sollte daher im Kern der
Aufgabe aller Bildungssysteme und ihrer Ausdifferenzierungen stehen. Die Akteure, die innerhalb des Systems
organisiert sind, sind demnach alle lehrenden und lernenden Subjekte einer Gesellschaft – nicht nur eines Bildungssystems. Die beiden Pole Belehrter und Lehrender
werden somit aufgehoben, denn in einer Lernsituation,
wie wir sie denken, ist jeder Mensch Subjektbildner. Die
Objekte in der Lernsituation sind nunmehr die Aktanten,
als die das Lernen unterstützenden nichtmenschlichen
Wesen[112] innerhalb des Lernsettings. Die Zeiten, da die
Zu-Erziehenden die Objekte von Erziehung sind, sollten
demnach bald der Rekonstruktionsgeschichte von Bildungssystemen angehören. Deutlich tritt damit eine weitere Aufgabe hervor: Dem Lernenden muss Freiheit für
sein Sich-Bilden gewährt werden, womit wir den Kreis
unserer Erziehungsprogrammatik schließen können und
zu dem Ausgangspunkt unserer Überlegungen zurückkehren – nämlich zum ethischen Imperativ von Foersters, welchen wir jetzt sicher anders lesen als noch im
Kapitel 4.1, in dem er zuerst Erwähnung fand:

> *Ich meine, daß sich in der Verwirrung, die neue*
> *Möglichkeiten sichtbar werden läßt, ein ethisches*
> *Grundprinzip manifestiert. Es entsteht Freiheit. Ich*
> *habe einmal gesagt: Handle stets so, daß die Anzahl*
> *der Möglichkeiten wächst. Das ist mein ethischer*
> *Imperativ, wobei allerdings wieder der falsche*

---

[111] Illich 1995: 160
[112] Latour 2000: 148

Eindruck entstehen könnte, auch ich wolle andere herumkommandieren. Das war also etwas schlampig formuliert. Besser wäre es gewesen, wenn ich geschrieben hätte: ‚Heinz, handle stets so, daß die Anzahl der Möglichkeiten wächst.'[...] Gemeint ist, daß man die Aktivitäten eines anderen nicht einschränken soll, sondern daß es gut wäre, sich auf eine Weise zu verhalten, die die Freiheit des anderen und der Gemeinschaft vergrößert. Denn je größer die Freiheit ist, desto größer sind die Wahlmöglichkeiten und desto eher ist auch die Chance gegeben, für die eigenen Handlungen Verantwortung zu übernehmen. Freiheit und Verantwortung gehören zusammen. Nur wer frei ist – und immer auch anders agieren könnte –, kann verantwortlich handeln.[113]

---

[113] Von Foerster et Pörksen 1998: 36

6 Die Akteure der solaren Bürgergesellschaft

Bis zu diesem Punkt der Arbeit haben wir eine mögliche Programmatik der Erziehung vorgestellt und erläutert, die auf die Bedingtheiten der mosambikanischen Wirklichkeit basiert, aber potentiell überall auf der Welt Anwendung finden könnte. Im folgenden Kapitel werden wir die Akteure einer neu gedachten, solaren Zivilgesellschaft und die Aufgaben, die sich aus ihren Bedingungen ergeben, beschreiben, bevor wir abschließend das Setting – eine energieautarke Erziehungsinstitution – entwickeln, die alle vorhergehenden Überlegungen mit im Blick hat und unseren Erkenntnissen über eine wünschenswerte Erziehungsprogrammatik Raum und Zeit bietet. Wieder basiert unser Vorgehen auf dem Modell Odyssee´s End© von Renate Girmes.[114]

Warum wir im Folgenden nicht die Lehrenden und Lerner als die Akteure unserer Erziehungsprogrammatik fokussieren (zur Professionalität von Erziehenden siehe stattdessen Kapitel 4: S. 40 – 48), sondern ein Verständnis einer spezifischen Zivilgesellschaft (nämlich einer solaren) in den Blick nehmen, lässt sich in der wichtigsten Bedingtheit des Menschen seit seiner Existenz begründen. Denn jedwede Programmatik – ob es die einer Erziehung, einer Organisation, einer Kunst, einer Wissenschaft etc. ist – ist immer an die Akteure gebunden, die die Prozesse eines Systems in-Gang-bringen und in-Gang-halten. Wenn wir also die Akteure einer Erziehungsprogrammatik in Mosambik (potentiell weltweit) betrachten, sollten wir – durch Buckminster Fuller angeregt – „auf die zugleich großzügigste und minuziös schärfste Art [...] denken, die uns der Intellekt und die bisher aus Erfahrung gewonnene Information möglich

---

114 Girmes 2008: Das Neunermodell. Unveröffentlichte Präsentation im Rahmen des Master-Studiengangs Cultural Engineering an der Otto-von-Guericke Universität. Modul „Handlung und System II". Folien 43-48

machen.“[115] Wir konzentrierten daher unsere Beobachtung auf die wichtigste Bedingung der menschlichen Akteure. Diese wichtigste Bedingung für das Überleben und die Reproduktion der Menschheit ist die Sonnenenergie, denn alles Arbeiten im Arendtschen Sinne, das dem Erhalt des Körpers und somit des menschlichen Lebens dient, basiert auf der Energie der Sonne. Mikroorganismen können sich aufgrund ihrer „Bauweise“ mithilfe der bloßen Sonnenenergie ernähren und wachsen. Diese Mikroorganismen wiederum stellen dank ihrer Biomasse somit die wichtigste und erste Nahrungsquelle innerhalb der Nahrungskette dar, an dessen oberem Ende bekanntlich der Mensch steht. Die Erhaltung des Lebens ist also zu allererst durch die Sonne bedingt.

Wir als unsere Art erhaltende und unser Überleben sichernde Menschen haben die Wichtigkeit der Sonne als Quelle für Nahrungswachstum oder Wärmeenergie längst erkannt. Diese Erkenntnis setzte in uns Bestrebungen frei, eine Welt herzustellen, die die Sonne für das Nahrungswachstum und das Beheizen von Wohnräumen – denn auch Holz, Kohle, Öl sind solare Energie in gespeicherter und konzentrierter Form – nutzte. Durch technischen Fortschritt und Wissensgenerierung entwickelte der Mensch weitere Energiequellen, auf denen unsere gegenwärtige Energieversorgung beruht. Dazu gehört aber nur zu einem Teil die Sonnenergie – ein viel größerer basiert auf vermeintlich vom Menschen selbst entwickelten Energieressourcen: Das Spalten von Atomkernen setzt große Mengen von Energie frei. Gleichzeitig entwickelte der diesen Prozess in-Gang-bringende und in-Gang-haltende Mensch ein Gefühl vom Beherrschen der Natur durch Wissenschaft und Technik. Dass dieses Gefühl eine konstruierte Selbstlüge darstellt, die bereits mehrfach zu menschlichem Schaden führte und sicher noch führen wird, ist den selbstaufgeklärten Gesellschaftsmitgliedern mittlerweile bewusst.

---

[115] Buckminster Fuller 2008: 55 ff

Nachdem als die wichtigste Bedingung des Menschen die Sonnenenergie in den Mittelpunkt getreten ist, können wir nun ein Spannungsfeld eröffnen aus dem, was diese Bedingung für den Akteure bedeutet und dem begründeten Wollen unseres Umgangs mit dieser Energiequelle vor dem Hintergrund, dass sich einige andere Energieressourcen als nicht zweckmäßig erwiesen haben. An dieser Stelle bitten wir um Verständnis, wenn wir allzu ideologisch werden, doch wie Erich Fromm so treffend ausdrückt, ist die wichtigste Antriebskraft für die Transformation einer Gesellschaft eine neue Vision – und diese muss eben auch Elemente von Ideologien und Utopien unter der Bedingung der Anschlussfähigkeit an die bisher gemachten Konstruktionen der Menschheit enthalten. Diese Anschlussfähigkeit ist allerdings ihre einzige Bedingung. Alle anderen (auch die der Wissenschaftskritik) sind kontingent – so viel haben wir gelernt.

> *Unsere einzige Hoffnung ist die energiespendende Kraft, die von einer neuen Vision ausgeht. Diese oder jene Reform vorzuschlagen, ohne das System von Grund auf zu erneuern, ist auf lange Sicht gesehen sinnlos, denn solchen Vorschlägen fehlt die mitreißende Kraft einer starken Motivation. Das »utopische« Ziel ist realistischer als der »Realismus« unserer heutigen Politiker. Die neue Gesellschaft und der neue Mensch werden nur Wirklichkeit werden, wenn die alten Motivationen – Profit und Macht – durch neue ersetzt werden: Sein, Teilen, Verstehen; wenn der Marktcharakter durch den produktiven, liebesfähigen Charakter abgelöst wird und an die Stelle der kybernetischen Religion ein neuer radikal-humanistischer Geist tritt.[116]*

Die alten Motivationen – Profit und Macht – sollen also durch neue ersetzt werden, nämlich Sein, Teilen und Verstehen. Wenn wir eine solare Zivilgesellschaft als wünschenswert erachten, dann sind eben diese drei Motivationen die wichtigsten, denn auf diese Säulen kann man eine derartige Gesellschaft aufbauen. Während wir dem Verstehen und Nachvollziehen von Welt bereits ein ge-

---

[116] Fromm 1976: 250

wisses Maß an Aufmerksamkeit gewidmet haben und auch den Seinsmodus im Gegensatz zum Habenmodus in einem Kapitel zum Gegenstand gemacht haben, ist das Teilen bisher unbeachtet geblieben. Eben jenes Teilen aber ist es, was die Energieversorgung des Menschen zur Grundlage hat. Ihm kommt dabei nicht nur die motivierende Aufgabe, wie sie Fromm im erwähnten Zitat benennt, zu, sondern auch die einer zivilgesellschaftlichen Haltung. Das Teilen kann und sollte zur basalen Tätigkeit eines jeden Umgangs mit Energie werden.

6.1 Energie und Gesellschaft – Über die Fehleranfälligkeit hochentwickelter Technik und die Haltung des „Teilens"

Gegenwärtig ist eine teilende Haltung in der Energiewirtschaft nicht auszumachen. Stattdessen wird die Energiegewinnung von Organisationen, und damit einigen wenigen Akteuren im Gegensatz zur Gesellschaft als Ganze, geleistet und kontrolliert. Dabei liegt augenblicklich in der Erzeugung von elektrischem Strom der Schwerpunkt auf der Atomenergie und in der Erzeugung von Energie für den Verkehr auf den fossilen Energieträgern. Beide Arten der Erzeugung sind in hohem Maße technisiert und auf die Arbeit von Experten angewiesen. Damit scheiden sie als mögliche Optionen für eine flächendeckende Energieversorgung in Mosambik bereits aus, weil hier weder die Technologien vorhanden sind, noch die Experten ausgebildet werden können, welche Atomkraftwerke bauen und betreiben, oder Öl fördern und raffinieren. Eine solche Energieversorgung würde Mosambik weiter in eine spürbare Abhängigkeit von ausländischen Unternehmen bringen – keine Entwicklung, die wir befürworten.

> *Sie [die Energieversorgung auf Atomenergie und fossile Energieträger gestützt]beseitigt das Recht zukünftiger Generationen zu entscheiden, wie sie leben*

wollen oder anders: Nur eine menschengemäße, das
heißt aber auch, einer fehlerfreundliche Technik ist vor
unseren Kindern vertretbar. Der Königsweg zu einer
stabilen menschlichen Gesellschaft führt allein über die
Sonnenenergie [...].[117]

Raetz geht hier einen anderen Weg der Argumentation
als man ihn tendenziell in den Diskursen über Energieversorgung der Menschheit vernehmen kann. Nicht die
Unnachhaltigkeit der Kernspaltung mit dem Problem der
Entsorgung des radioaktiven Abfalls oder der rapide Ver-
brauch der fossilen Energieressourcen werden hier thematisiert, sondern allein die Fehleranfälligkeit der hierfür
benötigten Technik. Wie bezeichnend ist doch vor diesem
Hintergrund der gegenwärtige Kampf der japanischen
Atomkraftwerkbetreiberfirma „Tepco" gegen das eigene
Atomkraftwerk, nachdem am 11. März 2011 ein Erdbeben
und darauffolgend eine Tsunami-Flutwelle die Stromver-
sorgung der Anlage unterbrachen und damit die Kühlung
der Brennelemente ausfiel. Mittlerweile sind über zwei
Monate vergangen, in denen es den Experten nicht gelungen ist, den Austritt von radioaktivem Wasser in die
Umwelt zu verhindern, die Schäden aufgrund der teilwei-
sen Kernschmelze zu reparieren oder gar den Betrieb des
Kraftwerks wiederaufzunehmen. Von einer teilenden
Haltung kann hier keine Rede sein. Auf Mikroebene teilt
die Betreiberfirma ihr Wissen über das Ausmaß der
Schäden und Folgeschäden nicht im vollen Umfang mit
der Öffentlichkeit. Auch auf Regierungsebene kritisierten
Journalisten nach dem Erdbeben die unzureichende Mit-
teilung von Informationen der japanischen Medien, während die ausländischen Medien abseits von der Kontrolle
durch die Regierung mehr Informationen mit der Öffentlichkeit teilten.
Zu schlussfolgern ist, dass weder Energieerzeugung aus
Atomkraft noch aus fossilen Brennstoffen der teilenden
Haltung Raum geben. Eine gewinnorientierte Energieerzeugung steht dieser Haltung systematisch im Weg. Nun

---

[117] Raetz 2001: 3

haben wir auch festgestellt, dass die Kontrolle der Energieerzeugung durch einige wenige Akteure nicht nur das „Teilen" verhindert, sondern auch menschlichen Schaden verursacht, weil sie auf extrem fehleranfälliger Technik basiert, die nur von Experten – und wie wir gesehen haben, nicht einmal das – betrieben und gewartet werden kann. Eine selbstaufgeklärte Gesellschaft wird dementsprechend eine andere Energiegewinnung vorziehen, die zum einen eine Technik verlangt, die menschlichen Schaden vermeidet, nachhaltig und fehlerfrei ist, und die zum anderen nach teilender Haltung verlangt, d.h. durch jeden betrieben und kontrolliert werden kann im Gegensatz zur Betreibung durch Experten. Eine solare Gesellschaft könnte diese beiden Ansprüche in sich vereinen:

> *Eine solare Zivilisation steht stabil auf Millionen (Energie-)Beinen, statt auf wenigen wackligen (Energie-)Säulen und sichert so in einer immer größer werdenden Welt den Bestand hunderttausender kleiner Welten und ihre kulturelle Vielfalt. Sie verhindert die Vernutzung menschlicher Energie als Folge von Angst, Unsicherheit und Perspektivlosigkeit. Sie fördert die Demokratisierung und wirkt fundamentalistischen Tendenzen und der Gefahr von Diktaturen entgegen.*[118]

Mit der Energieversorgung durch Sonnenenergie würde eine Gesellschaft einen anderen Weg gehen, als sie ihn größtenteils bisher gegangen ist. Während, wie wir angedeutet haben, Atomenergie und fossile Energieressourcen von einigen Wenigen kontrolliert werden, die dadurch hohe wirtschaftliche Gewinne erzielen, würde eine solare Gesellschaft so aufgebaut sein, dass jeder Mensch selbst Solarenergie erzeugen würde. Um Sonnenenergie zu gewinnen, braucht es kein Expertentum. Daraus wird ersichtlich, welch ermächtigende Funktion eine solche dezentrale Energieversorgung hätte, währenddessen die Macht der bisherigen Kontrollhabenden immens geschwächt würde. Hierin liegt sicher auch der Grund, warum bisher noch nicht von einer solaren Weltgesellschaft gesprochen werden kann.

---

[118] Ebd.: 4

6.2 Dezentrale Energieversorgung – Über die Utopie, Energie miteinander zu teilen

Dort, wo bisher noch keine flächendeckenden Strom- und Versorgungsnetze existieren, wie z.B. in sogenannten Entwicklungsländern (wie Mosambik), haben wir die größte Chance auf Umsetzung von dezentraler Energieversorgung. Selbst wenn hier Energie zentral durch beispielsweise Atomkraft oder Verbrennung fossiler Energieträger erzeugt würde, stehen diese profitorientierten Organisationen vor dem Problem der unprofitablen Energieverteilung. Wenn Strom über ein Netz verteilt wird, passieren immer Verluste (monetär aber vor allem energetisch). Zum einen sind Investitionen in Netze zu tätigen, zum anderen geht aber bei der Verteilung von Energie über weite Strecken, wie es in dünn besiedelten Regionen eines Landes der Fall wäre, verloren. Leitungen, auch wenn sie ein besonders gut leitendes Material enthalten, stellen immer einen elektrischen Widerstand dar – hier wird elektrische Energie in z.B. Wärmeenergie umgewandelt und ist somit nicht mehr in Form von Strom verfügbar. Bei flächendeckenden Netzen sind diese Energieverluste immer noch wirtschaftlich rentabel, weil besonders viele Kunden die Leistung bezahlen. In Entwicklungsländern hingegen, die geografisch betrachtet wenige riesige Ballungsgebiete und überwiegend extrem dünn besiedelte Landregionen aufweisen, ist die Energieverteilung in die Peripherie funktional und wirtschaftlich unmöglich.

> *Daraus wird plausibel, daß in industriell weniger entwickelten Ländern die Verteilung nicht bezahlt werden kann. Man kann nicht eine Hochspannungsleitung durch die Wüste legen, um an deren Ende lediglich ein kleines Dorf zu versorgen.*[119]

---

[119] Ebd.: 5

Nun wäre es doch plausibel, wenn in Mosambik und in allen Entwicklungsländern der Erde Bestrebungen erkennbar wären, jedes Haus mit einem Sonnenkollektor oder einer Photovoltaik- und Windradanlage auszustatten, um Energie dezentral erzeugen zu lassen. Denkbar wäre es, einzelne dezentrale Energieerzeugungseinheiten mit anderen innerhalb eines Dorfes oder einer Nachbarschaft in möglichen Mikronetzen zusammenzuschließen, in die Energieüberschüsse eingespeist würden, welche das energieautarke Haus nicht selbst verbraucht. Hat beispielsweise ein Haus am selben Netz kurzfristige Erzeugungsengpässe, würde es für diese kurze Zeitspanne sein Energiedefizit mit Strom aus dem Mikronetz ausgleichen. Während in Deutschland als ein Land der Gemäßigten Klimazone enorme Differenzen erwartbar sind zwischen der erzeugten Energiemenge im Sommer und der im Winter, liegt Mosambik in der Klimazone der Tropen und innerhalb der Tropen in der sogenannten Dornsavanne.[120] Hier herrscht erwartungsgemäß ganzjährig genügend Sonneneinstrahlung, um die Energieversorgung dezentral zu realisieren.

Woran liegt es dann, so müssen wir uns nun fragen, dass man in Mosambik die allzeit verfügbare Sonnenenergie noch nicht für eine dezentrale Energieversorgung in Mikronetzen der peripheren Regionen nutzt? Die Antwort hierfür liegt in den Interessen, Bedürfnissen und Begehrungen der handelnden Akteure. Auf der einen Seite stehen die Akteure, die bisher die Energieversorgung kontrollieren und in profitorientierten Unternehmen organisiert sind. Da ihr Interesse in der Verteilung der Energie an möglichst viele Kunden mit so geringem infrastrukturellem Aufwand wie möglich liegt, sind vor allem die großen Ballungsgebiete Mosambiks sehr gut mit Strom versorgt. Hier leben viele Menschen auf wenigen Quadratkilometern, was einer Gewinnorientierung der Unternehmen entgegenkommt. Diese Akteure haben wei-

---

[120] Klimazonen der Erde auf http://www.datenbank-europa.de/erdkunde/staaten/d.htm

terhin die Unwirtschaftlichkeit der Verteilung ihrer elektrischen Energie über weite Strecken hinweg zu den peripheren Regionen des Landes, in denen wenige Menschen auf sehr vielen Quadratkilometern verteilt leben, erkannt. Diese Akteure nennen wir entsprechend ihrer Organisationsaufgabe im Folgenden Stromverkäufer. Ihnen gegenüber steht der einzelne Hausbesitzer, der nicht in einem Ballungsraum Mosambiks sondern in dünnbesiedeltem Gebiet lebt. Auch er hat ein Bedürfnis nach elektrischer Energie und ein Interesse am Versorgtwerden mit Strom. Da die Verteilungsnetze ihn aber nicht erreichen, kauft er sich seine Energie in Form von fossilen Brennstoffen (beispielsweise Dieselbrennstoff) ein und treibt damit einen Dieselgenerator an. Aus dem Begehren des Hausbesitzers heraus, seinen Lebensstandard dem der Städte anzupassen und über Strom zu verfügen, ist er beinah gezwungen, diesen Weg der Energieerzeugung zu gehen, selbst wenn Diesel ein sich stetig verteuernder Brennstoff ist, die Generatoren oft auf veralteter Technik beruhen und dementsprechend laut und ineffizient arbeiten. Der Hausbesitzer als Akteur kann dementsprechend als Stromkäufer bezeichnet werden, weil er sowohl die Technologie als auch jeden Energieträger teuer einkaufen muss. Wenn die wirtschaftliche Lage des Stromkäufers nicht ausreicht, um sich dezentral, aber vergleichbar teuer, mit Energie zu versorgen, entwickelt er unter Umständen den Wunsch, dorthin zu ziehen, wo die Stromversorgung leichter, weil er sich einfach an das vorhandene Netz anschließen kann, und günstiger ist, weil der Markt dort viele Abnehmer findet. Wir erkennen hierin ein wichtiges Kriterium für den demografischen Wandel in Entwicklungsländern, der zu ihrer spezifischen geografischen Struktur führt – geprägt von wenigen riesigen Ballungsgebieten und sehr dünnbesiedelter Peripherie. „Das Fehlen elektrischer Energie ist die primäre Ursache der Migration und der Flucht in die grenzenlos wachsenden Millionenstädte."[121] Diese Landflucht wiede-

---

[121] Raetz 2001: 2

rum führt zu weiteren Problemen, denn oft sind die Metropolen nicht auf die riesigen Zuwanderungswellen vorbereitet. Betrachten wir dann beispielsweise den Markt für Wohnraum, wird schnell deutlich, wie die Entstehung von sogenannten Slums und Armenvierteln zu erklären ist: Die landflüchtende Bevölkerung mit geringen finanziellen Mitteln trifft im Ballungsgebiet ein. Da die Zuwanderung den begrenzten Wohnraum bei weitem übersteigt, verteuern sich die noch vorhandenen Wohnungen um ein Vielfaches. Diesen Preis zu zahlen, sind die wenigsten der Zuwanderer in der Lage, weshalb sie an das Randgebiet der Stadt ausweichen, und dort ganz ähnlich ihrer Wohnhäuser, in denen sie auf dem Land gelebt haben, Blech- oder Strohhütten bauen. Wenn wir dann wieder die Bedürfnisse und Hoffnungen der Akteure betrachten, wird deutlich, welche Ernüchterung bei ihnen eintritt, wenn sie aus Mangel an Alternativen in diese Lebenssituation eintreten müssen. Oft erfüllen sich dabei die Hoffnungen und Träume, die sie vor ihrem Aufbruch hatten, nicht. Auch die Stromversorgung, die sie sich vorher vielleicht gewünscht haben, ist in den meisten Slums der Erde nicht umfangreich gewährleistet, aus Mangel an zahlungsfähigen Abnehmern. Bei näherer Betrachtung der Desillusionierung und Wunschzerstörung, die diese Landflucht und das daraufhin aufgezwungene Leben in Armenvierteln auf sehr engem Raum mit sich bringen, fällt es nicht schwer, ein Verständnis für die problematische Lage der Bewohner zu entwickeln. Gerade Jugendliche, die ein sehr hohes Aktivitätspotential und den Wunsch nach Selbstverwirklichung haben, erfahren durch das Leben im Slum eine schmerzvolle Perspektivlosigkeit. Als professionelle Akteure sind wir in der Lage, die Bedingungen für ihr individuelles und soziales Verhalten zu beobachten und zueinander in Beziehung zu setzen. Wir haben es hier mit tiefen sozialen und psychologischen Prägungen der Menschen zu tun, die nur an der Oberfläche betrachtbar sind, möglicherweise immer nur dann, wenn sie in den Handlungen der Menschen ihren Ausdruck finden. Hohe Kriminalität und Gewaltbereitschaft der dort lebenden jungen Bevölkerung sind eben solche Handlungsindikatoren, die uns ein Bild über die schwierige, hoffnungslose, unfreie Lage der jungen Menschen ermöglichen. Wie können wir einen Beitrag dazu leisten, dieser gefühlten und gelebten Hoffnungslosigkeit Einhalt zu gebieten? Denkbar ist, das Ursache-Wirkungsgefüge rückwirkend zu analysieren, um möglichst die erste Ursache ausfindig zu machen. Die folgende Abbildung stellt den Versuch einer Verbildlichung dieses Ursache-Wirkungsgefüges dar. Wir greifen dabei auf ein Werkzeug aus der Logistik namens Ereignisgesteuerte Prozessketten zurück, wohlwissend, dass menschliches Handeln nicht auf Funktionen und Prozesse reduziert werden kann, wir aber explizit das beobachtbare Verhalten zueinander in Zusammenhang bringen möchten, d.h. speziell die Prozesse zwischen den Funktionen beleuchten möchten. Die Ereignisgesteuerte Prozesskette (im Folgenden EPK genannt) ist vor allem deshalb zur Darstellung geeignet, weil sie die Prozesse von den Funktionen unterscheidet und jedem Prozess sowohl das ausführende Tool/Werkzeug als auch die In- und Outputs zuordnet. Weiterhin stellt die EPK dar, in welcher systemischen Umwelt die Funktionen sich befinden, die die Prozesse auslösen: Bewusstsein des Akteurs, Ballungsgebiet, Peripherie, Slum etc.

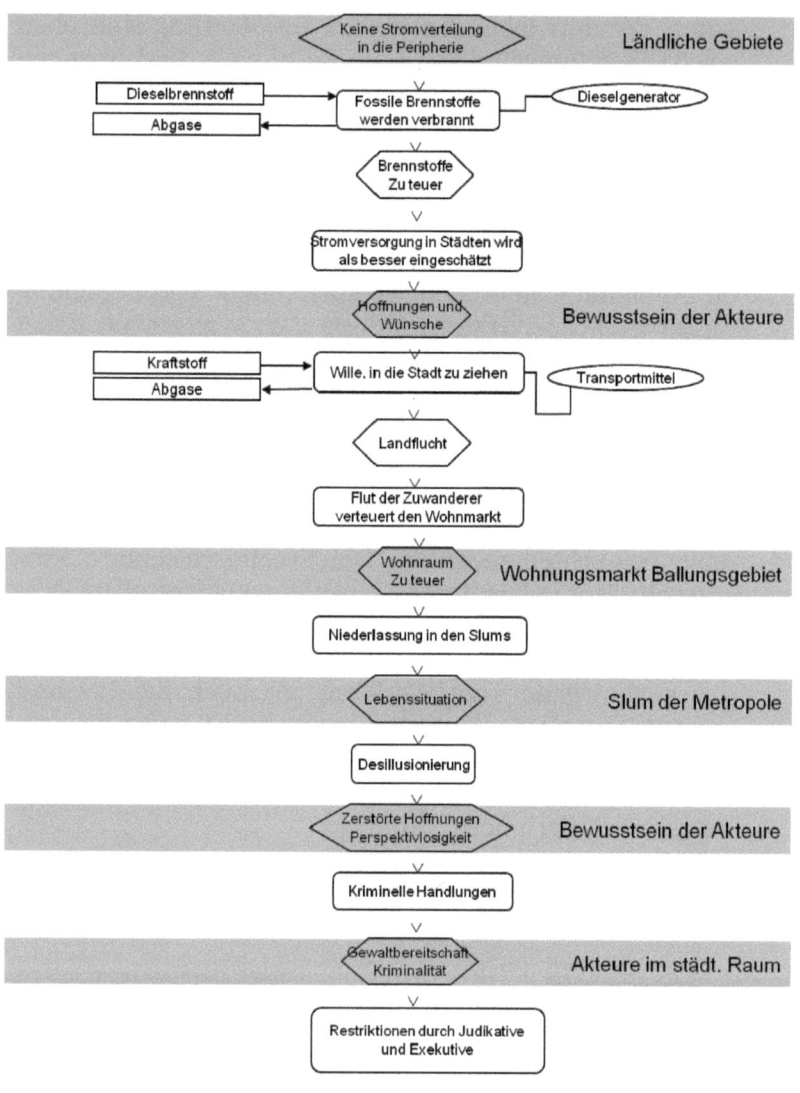

Abbildung 2: Zusammenhang zwischen Handlungen der Jungen Bevölkerung in den Slums und der nicht ausreichenden Versorgung der ländlichen Gebiete mit elektrischer Energie – Ereignisgesteuerte Prozesskette

Um die Komplexität des vielschichten Phänomens von Kriminalität und Gewaltbereitschaft in den Slums der Ballungsgebiete zu reduzieren, haben wir auf die EPK als Vereinfachungs- und Darstellungsinstrument zurückgegriffen, wohlwissend dass mit diesem Fokus an anderer Stelle ein blinder Fleck oder eine Wahrnehmungslücke entstanden sind. Das Phänomen der Handlungen der jungen Bevölkerung und die darunterliegenden Motivationen in dieser speziellen Lebenssituation können nicht ganzheitlich und allumfassend mit diesem Tool beschrieben werden. Was aber gelungen ist, ist die Darstellung eines möglichen Zusammenhangs zwischen der unzureichenden Stromversorgung der in ländlichen Gebieten lebenden Bevölkerung und den kriminellen und gewaltbereiten Handlungen der jungen Bevölkerung in den Slums der Ballungsgebiete. Aufgrund der nicht vorhandenen Stromverteilung bis in die Peripherie ergeben sich Notwendigkeiten (nämlich fossile Energieträger zu verbrennen) und Probleme (nämlich monetärer Art, weil fossile Brennstoffe sich verteuern). Diese führen zu Begehren und Wünschen aufgrund der Vorstellung und der Einschätzung, dass die Stromversorgung und damit der Lebensstandard in den Metropolen gewährleistet sind. Werden diese Wünsche zu Aktivität, wandern bzw. flüchten die Menschen in die Ballungsgebiete, wo aufgrund der Flut an Zuwanderern der Markt für Wohnraum extrem schrumpft und die Preise steigen. Ein Ansiedeln in den Slums außerhalb der Zentren ist daher beinah unumgänglich, weil oft der Weg ganz zurück in die Heimat nicht mehr möglich ist. In den Slums wiederum desillusionieren alle Hoffnungen der Menschen – es entstehen Frustration und Wut. Wenn diese sich in Handlungen umwandeln, wird das Phänomen der hohen Kriminalität sichtbar.

Wir haben also erkannt, dass eine mögliche Option der Unterbrechung dieser ereignisgesteuerten Prozesskette die ausreichende Versorgung der Peripherie mit elektrischem Strom sein kann. Doch die auf Macht und Profit eingestellten Organisationen, die die Gefährdung ihrer

Wachstumsgrundlage spüren und den wirtschaftlichen und energetischen Verlust kennen, den eine Stromverteilung über kilometerweite Strecken bedeuten würde, versuchen, dies zu verhindern, indem sie weiterhin auf zentrale Energieerzeugung setzen und diese als die einzig mögliche postulieren.

> *Unsere Wachstumsgesellschaft brütet Sonderbares aus: Mit Millionen Tonnen radioaktivem Abfall – mit Sicherung und Endlagerung über Jahrtausende – damit werden unsere Technokraten spielend fertig. Wasserstoff aus Quebec oder aus Grönland, Solarfarmen im Weltall oder in der Sahara – das alles ist für unsere Technokraten real und machbar. Ein Haus dagegen, das dieser Energiewohltaten nicht mehr bedarf – ja vielleicht sogar Energie abgeben kann – das ist eine Utopie.[122]*

Die Vorstellung, ein Haus energieautark zu machen, ist nicht utopisch. Sie bedarf lediglich einer teilenden Haltung der Akteure und einer bezahlbaren und durch jedermann zu betreibenden Technologie. Während wir die Technologie als Teil des Settings im folgenden Kapitel thematisieren werden, ist an dieser Stelle die spezifische Haltung des Teilens Gegenstand der Überlegungen. Diese Haltung ist einem jedem Individuum bekannt, denn sie ist regelmäßig Teil des alltäglichen Daseins und mit einer Bedeutung für das Zusammenleben innerhalb einer Gesellschaft aufgeladen. Hierzu können wir einige Beispiele nennen: Im Fetalstadium während der Schwangerschaft teilt die Mutter die dem Körper zugeführten Nährstoffe und den Sauerstoff über die Plazenta und die Nabelschnur mit dem Fetus; Zwillinge teilen sich im Mutterleib oft sogar einen Blutkreislauf über dieselbe Plazenta. Ist das Kind geboren, lehrt die ihn willkommen heißende Familie das Teilen von Nahrung, Wohnraum und weiteren lebenswichtigen Ressourcen. Kinder lernen in gegenseitigem Spiel das Teilen und Mitteilen, sogar das Aushandeln von immer wieder neuen Regeln, damit jedem Kind die Gelegenheit gegeben wird, am Spiel teilhaben zu

---

[122] Ebd.: 6

können. Auch in der christlichen Geschichte kennen wir die teilende Haltung: Jesus, der Brot und Wein mit seinen Jüngern teilte – eine Handlung, welche zu den wichtigsten Sakramenten der christlichen Kirche gehört und bis heute seine regelmäßige Erneuerung in den sogenannten Abendmalfeiern der Gottesdienste findet (in der evangelischen Kirche nur zu Ostern und zu den Konfirmationen; in der katholischen Kirche zu jedem Gottesdienst). Überhaupt finden sich in der Bibel einige Narrationen über das Teilen – viele sind allgemein bekannt: z.B. Sankt Martin, der seinen Mantel mit einem Bettler geteilt hat, was in unserer Gesellschaft alljährlich am Sankt Martinstag gefeiert wird. Doch auch wissenschaftliche Literatur enthält Überlegungen und Erkenntnisse über das Teilen: Erich Fromm hat beispielsweise mit seinem Beitrag über Haben und Sein den Diskurs für die Haltung des Teilens mit umrissen, denn bei aller Anstrengung Fromms zur Beschreibung des Seinsmodus gegenüber dem Habenmodus gelingt ihm keine konkrete Darstellung des Seins. Was er seinen Leser beauftragt, zu tun, ist den Seinsmodus mittels Abgrenzung zum Habenmodus zu erschließen. Fromm selbst hat die Schwierigkeit dieses Unterfangens erkannt:

> *Die meisten von uns wissen mehr über die Existenzweise des Habens als über die Existenzweise des Seins, weil Haben die weit häufiger erlebte Existenzweise in unserer Gesellschaft ist. Aber es gibt einen anderen und noch wichtigeren Grund, warum es so schwierig ist, die Existenzweise des Seins zu definieren: das ist die Natur des Unterschieds zwischen den beiden Existenzweisen. Haben bezieht sich auf Dinge und Dinge sind konkret und beschreibbar. Sein bezieht sich auf Erlebnisse, und diese sind im Prinzip nicht beschreibbar.[123]*

Fromm war daher gewissermaßen gezwungen, sich dem Seinsmodus in detaillierter Abgrenzung vom Haben bzw. aus der Dialektik von Sein und Schein zu nähern. Es gelingt ihm dabei eine Art Auffächerung dessen, was Sein

---

[123] Fromm 2010: 109

alles sein kann. Dazu gehört eben auch die von uns als eine solare Zivilgesellschaft konstituierende Haltung des Teilens. Das Teilen ist Geben von dem Wenigen, das man hat – also demnach eine dem Habenmodus gänzlich widersprechende Haltung und im Frommschen Sinne mit Sicherheit seinskonstituierend.

> *Das Bedürfnis, zu geben und zu teilen, und die Bereitschaft, für andere Opfer zu bringen, sind unter den Angehörigen bestimmter sozialer Berufe, wie Krankenschwestern, Ärzte, Mönche und Nonnen, immer noch zu finden. [...]Viele religiöse bzw. sozialistisch oder humanistisch orientierte Gemeinschaften, die im Laufe der Jahrhunderte entstanden, haben die gleichen Bedürfnisse bekräftigt und zum Ausdruck gebracht. Der Wunsch zu geben motiviert alle jene, die ohne Vergütung ihr Blut spenden; ähnlich selbstlos ist das Verhalten von Menschen, die ihr Leben riskieren, um das Leben anderer zu retten. Die Bereitschaft zu schenken manifestiert sich in jedem, der wirklich liebt.[124]*

Mit den Ausführungen über die Haltung des Teilens sind die Überlegungen zu den Akteuren einer solaren Zivilgesellschaft abgeschlossen. Wir konnten zeigen, dass die wichtigste Bedingtheit der Menschheit und allen Lebens auf der Erde die Sonnenenergie als die Grundlage für Reproduktion und Arterhalt ist. Aus der Sonnenergie können wir mithilfe von bereits bekannter und entwickelter Technologie Strom erzeugen. Dieser Strom kann dezentral und autonom in Mininetzen, sogenannten Micro-Grids erzeugt und eingespeist werden. Auf diese Weise könnten in Mosambik, aber potentiell weltweit, auch solche Menschen sich mit elektrischem Strom selbstversorgen, die weitab von ausgebauten Stromnetzen der Stromverkäufer leben. Diese Entwicklung könnte zu einer Minderung der Landflucht in den Entwicklungsländern und somit zu einer Minderung der Probleme in den urbanen Räumen führen, weil zwischen der Kriminalität in den Slums der Großstädten und der Nichtversorgung der ländlichen Gebiete ein Zusammenhang besteht, wie unse-

---

[124] Ebd.: 128

re EPK darstellen könnte. Dezentral mit Hilfe der Solar- und Windenergie Strom zu erzeugen, gibt den Menschen die Möglichkeit, unabhängig von Stromwirtschaft zu sein und gleichzeitig wirtschaftliche, soziale, schulische, gesundheitliche etc. Entwicklung in der Region anzukurbeln. Diese Micro-Grids oder auch energieautarke Regionen setzen eine teilende Haltung der Stromerzeuger und eine bezahlbare, verlässliche und selbst zu reparierende Technologie und Technik voraus. Ersteres war Gegenstand der bisherigen Ausführungen, Letzteres wird Gegenstand des folgenden Kapitels sein.

7 Das Setting - Die energieautarke Erziehungsinstitution

Von Girmes´ Neunermodell namens Odyssee´s End©125 ausgehend, wollen wir im Folgenden eine energieautarke Erziehungsinstitution denken und konzipieren. Renate Girmes hat mit ihrem Modell neben den Dimensionierungen von Akteuren und Systemen auch eine Dimensionierung für Settings als hergestellte Welt verfasst. Das Modell kann auf zweierlei Weise verwendet werden: Nutzt man es als Diagnosetool für bereits bestehende Welten, lassen sich mit seiner Hilfe kluge Fragen an das Setting stellen, Lücken finden, Entscheidungen, die getroffen worden sind, neudenken etc. In diesem Fall haben wir es metaphorisch als Wanderkarte durch reale Welten umschrieben. Nutzt man es aber, um Welt auf kluge, weil vorher ganzheitlich durchdachte Weise zu konzipieren, fungiert das Modell eher als ein Konstruktionstool. Anders als beispielsweise analytische Modelle der Wirtschaftslehre gibt das Neunermodell keine Entscheidungen zwischen nur wenigen Alternativen vor, sondern es thematisiert vier bzw. fünf Säulen, welche man als Weltenbauer berücksichtigen kann. Es dient also der ganzheitlich durchdachten Konstruktion von realen Settings, denn erwartbarerweise ist eine *vorher* in ihren fünf Dimensionen (Gehalt, Gestalt, Format, Impuls und Aufgaben) an die das Setting nutzenden Akteure angepasste, dem Erziehungssystem mit der Programmatik, welche wir gedacht haben, Raum gebende Konzeption nachhaltiger als eine, die *nach* ihrer Realisierung z.B. eine vorher vernachlässigte Säule (wie den Gehalt, oder die Aufgaben im Setting) nachjustiert wird. Settings bauen Girmes zufolge auf Gehalt, Gestalt, Formaten, Impulsen und den Aufgaben im Setting auf. Diese fünf Dimen-

---

125 Girmes 2008: Das Neunermodell. Unveröffentlichte Präsentation im Rahmen des Master-Studiengangs Cultural Engineering an der Otto-von-Guericke Universität. Modul „Handlung und System II". Folien 43-48

sionen braucht es, um Welt herzustellen, bzw. hergestellte Welt im Sinne Arendts kann immer auf diese fünf Dimensionen hin untersucht werden. Wir nutzen das Modell deshalb, weil es potentiell verhindert, dass wir bei der Konzipierung einer Institution, die der Artikulation von Selbsttätigkeit, Selbstversorgung und Selbstverantwortung dient und ihr den Raum gibt, entscheidende Ausdifferenzierungen außer Acht lassen und wir der Überzeugung sind, dass diese Herangehensweise einer Ganzheitlichkeit unseres Konzepts zugutekommen wird.

Warum braucht es eine energieautarke Erziehungsinstitution? Energieautarkie als das Unabhängigwerden von Stromanbietern in einem dünn besiedelten Land, in dem die Stromnetze und somit die Energieversorgung nicht für jeden nutzbar oder bezahlbar ist, haben wir bereits eingehend beschrieben. Dass es Erziehung als das Einüben der nachwachsenden Generation in die bestehende(n) Welt, Gesellschaft und Weltbilder der willkommen heißenden Generation braucht und welche Programmatik dieser Erziehung möglicherweise eine Funktionalität, die besser ist als die, die wir bisher kennen, geben könnte, haben wir auch ausführlich dargelegt. An dieser Stelle bringen wir unsere Ideen „in die Welt", bzw. konstruieren ein Stück Wirklichkeit, das mit Objekten, Phänomenen, Aktanten, Ressourcen und Werkzeugen gefüllt ist und das den Akteuren als Lernende auf beiden Seiten (die Zu-Erziehenden und die Erziehenden gleichermaßen) eine Verortung bzw. einen Raum in der Zeit gibt. Weil Erziehung als Interaktion des Menschen mit anderen Menschen, mit Dingen und mit Weltbildern nicht im (luft-, objekt-, phänomen-)leeren Raum stattfinden kann, ist es sehr sinnvoll, ein Setting zu designen, an dem ihr Zusammentreffen unterstützt und erleichtert wird. Schauen wir uns also zunächst solche Settingentscheidungen an, die bereits anderswo getroffen worden sind und rekonstruieren wir an der Stelle die Handlung, welche das System dort vollzieht.

Es überrascht zunächst nicht, dass beispielsweise in Ruanda ein sogenanntes Laptop-pro-Schüler-Programm initiiert worden ist, das die Schulen mit ausreichend PCs ausstattet, damit jedes Kind an einem von ihnen arbeiten kann. Was das Bildungssystem dort tut, ist die Kinder mit dem Zugang zur Welt der Gedanken und Weltbilder auszustatten. Qua Internet und mithilfe des Aktanten PC sind die Kinder also in der Lage, sich die Welt eigenständig in das Klassenzimmer zu holen. Die Ausstattung von Schulgebäuden mit Tafeln, Kreide, Büchern und anderen Gegenständen ist seither nicht mehr notwendig – die Darstellung von Wissen und Weltbildern übernimmt ebenfalls der PC. Nun ist aber mit der Raumausstattung das Setting auch dieser Schulinstitution in Ruanda noch nicht vollends bedacht – und genau hier setzt das Neunermodell nach Girmes an, weil es hilft, die nichtbetrachteten Dimensionen von Settings zu sehen, den sogenannten blinden Fleck, der immer entsteht, sobald fokussiert betrachtet wird, so weit wie möglich zu verkleinern bzw. zu verschieben. Man hat in Ruanda augenscheinlich die Gestalt des Settings wohlgewählt: PCs als die Gegenstände, welche verschiedenste weltliche Phänomene binnen Sekunden auf den Bildschirm projizieren. Auch die Aufgaben im Setting finden hier ihre Verweltlichung: Der PC ermöglicht die Selbstinszenierung der Kinder, stellt Fremdinszenierungen anderer Menschen dar, was sehr anregend sein kann, wenn man sich der steigenden Nutzerzahlen in sozialen Netzwerken wie Facebook etc. erinnert. Damit wird der PC zum Fenster, durch das die Kinder sich die Welt zeigen lassen können (auf bestimmte Formen und Inhalte basierend, die der Computertechnologie unterliegen) und sich selbst zeigen können. Was jedoch dafür sorgt, dass dieses Laptop-pro-Schüler-Programm bisher nicht alle anderen Schulmethoden ablösen konnte, ist der Mangel an Gehalt dieser Settingkonstruktion. Um sich beispielsweise im Internet

- die Welt zeigen zu lassen,

- die Phänomene zu erschließen,

- sich die Welt erklären zu lassen, wie die bisherigen Generationen sie erklären etc.

braucht es vorher Orientierungen des Kindes, d.h. es braucht ein Interesse an bestimmten Phänomenen, Objekten, Erklärungen etc. Ohne ein Interesse ist der Computer nur eine black box, deren Inhalte dem Menschen nicht nahekommen bzw. keinen Anschluss finden. Im besten Fall entwickelt das Kind innerhalb dieses PCierungs-Programms ein Mitteilungsbedürfnis und meldet sich in sogenannten Chatrooms oder sozialen Netzwerken an – denn hier findet es spezifische Gehalte: Kultur, Werte, Orientierungen etc., anhand derer es ein Interesse für die Phänomene der Welt entwickeln kann. Was deutlich wird, ist, dass ein Kind nicht allein Interessen entwickelt, sondern es immer im Austausch mit anderen Menschen tut. Systemtheoretisch gesehen braucht es immer einen anderen Menschen, mit dem qua Interaktion die Kontingenz verdoppelt werden kann. Alles, was Menschen sich vorstellen können und kommunizieren, wird den jeweils anderen Menschen in seinen Orientierungen ankicken, anregen. Das Laptop-pro-Schüler-Programm in Ruanda ist demnach ein gutes Referenzbeispiel, weil es bisher schon einige kluge Setzungen gemacht hat, aber eine entscheidende außer Acht ließ: das Gehaltvollmachen des Settings in diesem Fall.

Gehen wir nun, bevor wir unsere eigene Konstruktion vorstellen werden, auf eine weitere Settingkonzeption ein. Die Theorie Ivan Illichs über die Verschulte Gesellschaft haben wir dankbar angenommen, um die Kontingenzgeschichte der Schule zu rekonstruieren, auf seine Darstellungen zur Entschulten Gesellschaft sind wir jedoch nicht eingegangen, aus gutem Grund, wie wir im Folgenden zeigen werden. Illich hat eine Theorie möglicher Lernanlagen entwickelt, in denen die Lerner sich ihren Interessen nach selbstständig die Welt erschließen. Lehrer gibt es seiner Konzeption zufolge nicht, was wir insofern bejahen, da ein Lehrer nicht mehr das Subjekt des Lernens und der Schüler sein Objekt ist, sondern dass diese Dynamik wechselt in mindestens: Lerner und Lerner oder gar Lehrer als Objekt und Schüler als Subjekt (nämlich dann, wenn der Lehrer ein Meister seines Fachs ist und nur für fachmännischen Rat befragt wird):

> *Kämen die von mir geschilderten Anlagen zustande, so würde jeder Schüler seinen eigenen Bildungsweg gehen, der erst im Rückblick ein Programm erkennen lassen würde. Ein kluger Schüler würde von Zeit zu Zeit fachmännischen Rat einholen: Hilfe bei der Festsetzung eines neuen Lernziels, Erläuterung von aufgetretenen Schwierigkeiten, die Entscheidung zwischen verschiedenen Methoden. Auch heute würden die meisten Menschen zugeben, dass das Wichtige, was ihre Lehrer für sie getan haben, solche Fingerzeige oder Ratschläge bei zufälligen Begegnungen oder in einer Privatstunde gewesen sind. In einer unverschulten Welt würden auch die Pädagogen zu ihrem Recht kommen und wirklich tun können, was frustrierte Lehrer heute zu betreiben vorgeben.[126]*

Hier hat Illich, anders als das Laptop-Programm in Ruanda sehr wohl die Wichtigkeit der Interaktion zwischen Menschen berücksichtigt. Mit Festsetzung von neuen Lernzielen könnte Illich möglicherweise das Entwickeln von Interesse meinen, welches wir am Ruanda-Projekt vermissen. Illichs Konzept hat damit zwei Fehler: Zum einen fehlt in seiner konzipierten Anlage die „Welt" völlig, bzw. die Objekte der Welt, zu denen das Kind sich hinzieht, mit denen der Mensch sich also in Beziehung setzt. Weder spricht Illich davon, die Phänomene und Weltdinge in die Schule zu holen, noch sagt er, das Kind möge aus der Schule heraustreten, um „draußen", also in der Welt, ihre Dinge zu erkunden. Es fehlt seinem Konzept also an jeglichen Bildungsgegenständen. Zum anderen verwendet er den Begriff der Lernziele. Ziele sind ein Imperativ eines Erreichens – zielorientiertes Lernen trägt demnach immer die Frage nach dem Urheber der Ziele mit in sich. Das bedeutet, dass eine vom System aufoktroyierte Zielstellung möglicherweise die Interessen des Menschen überformt. Hier fragt sich dann, welches System diese Operation der impliziten Zielstellung (das So-Sein des Menschen) vollführt: in jedem Fall das Ge-

---

[126] Illich 1995: 137

sellschaftssystem, weil es dazu tendiert, aus der Unsicherheit heraus, dass jedem Geborenen die Möglichkeit des Unerwarteten inne liegt, ihre Werdung zu beeinflussen; in jedem Fall auch das Wirtschaftssystem, weil allein die deutsche Schule ein prägnantes Beispiel für die Formung von Menschen ist, die der Wirtschaft dienlich sind. Auch die Futurum Schule in Schweden erhält ihre möglicherweise sogar expliziten Zielstellungen der So-Werdung des Menschen aus dem Wirtschaftssystem. Während die deutsche Schule noch auf die Funktionalität der Industriegesellschaft hin die Zielstellungen setzte, hat die Futurum Schule ihre Ziele auf die Funktionalität der Wissensgesellschaft hin ausgerichtet. Beide unterscheiden sich also nicht in ihrer systemtheoretischen Operation – nämlich dem Zielsetzen des So-Seins von Menschen auf die Funktionalität des Wirtschaftssystems hin, sondern nur in der Entwicklungsstufe des jeweils operierenden Wirtschaftssystems. Christian Füller, Journalist der TAZ, hat 2002 die erste Futurum Schule in Schweden besucht, und die Gründer nach ihren Orientierungen bei der Konzeption der Schule gefragt:

"Wir wollten die Schule des alten industriellen Typs abschaffen", berichtet Hans Ahlenius, "und stattdessen eine Schule für die Wissensgesellschaft gründen." Der Mathematik- und Computerlehrer, der das Projekt Futurum vor drei Jahren mit aus der Taufe hob, sieht nicht gerade aus wie ein IT-Freak der New Economy. [...] "Wir haben uns an der Arbeitsweise moderner Unternehmungen orientiert", beschreibt Ahlenius das Ordnungsprinzip, das an die Stelle der Klasse getreten ist. Das bedeutet: Die rosarote Schule arbeitet (wie die fünf anderen Schulen) in Teams. Nicht anders als in der informationsbasierten New Economy geht es darum, den Rohstoff Wissen ständig neu zu fördern. Die Fragestellungen aus dem Lehrplan für die schwedische Schule werden interdisziplinär angegangen - nicht zersplittert in Fächer. Auch die Lehrer nehmen dabei eine ganz neue Rolle ein: Sie sind dazu da, den eigenständigen Wissenserwerb der Schüler anzuleiten und zu moderieren. Kontrolliert wird ebenfalls: Jeden morgen treffen sich je zwölf

Schüler mit ihrem Vertrauenslehrer zu einer "Planungsrunde".[127]

Hier wird also ganz deutlich, dass auch die Futurum Schule als Konzeption zu allererst der Funktionalität des Wirtschaftssystems gilt. Das ist zum einen überraschend und bedauerlich, zum anderen aber zeigt es, dass die Formate der Schule wie die *Formate jedes Settings auf Systemprogrammatiken* beruhen. Girmes hat das erkannt und in ihrer Settingdimensionierung formuliert. Das Format eines Settings steht immer in direktem Zusammenhang mit der Logik und der Wirklichkeit des Systems – aber nicht nur des Bildungssystems, wie man beim Setting Schule vermuten könnte, sondern allzu deutlich bestimmt die Logik des Wirtschaftssystems das Format von Schule.

Prüfen wir nun, der Logik welchen Systems das bisherige Schulformat in Mosambik unterliegt. Die Antwort hierauf ist einfach: das Wirtschaftssystem der ehemaligen Kolonialherren und der neuen „Herren", welche wir deshalb so bezeichnen können, weil sie als Geldgeberländer mit ihren finanziellen Hilfen einen entscheidenden Einfluss auf die Bildungspolitik im Lande haben. In letzter Konsequenz steht das Format der Mosambikanischen Schulen also in direktem Zusammenhang mit dem Wirtschaftssystem Europas zur Zeit der Industrialisierung. Das Paradoxe hieran ist: dieses von Industrialisierung und ihren Prozessen geprägte Wirtschaftssystem gibt es in Mosambik gar nicht und hat es nie vorher gegeben. Man bildet hier also Menschen für eine industrialisierte Gesellschaft aus, die es hier gar nie gegeben hat, während in Deutschland beispielsweise Reste der Industriewirtschaft noch an manchen Standorten vorzufinden sind, was die Ausdifferenzierung der Schule in Deutschland wenigstens noch verständlich macht, während man sich in Bezug auf das Land Mosambik doch sehr wundern muss. Nutzen wir also die Gelegenheit und konstruieren ein anderes Setting für das Bildungssystem in Mosambik

---

[127] Füller 2002: TAZ Nr. 375: 14

mit einem **Format**, das dem dort existierenden Wirtschaftssystem dienlich ist; einem **Gehalt**, der Orientierungen und Werkzeuge bietet, damit jeder Mensch sein persönliches Interesse entwickeln, die Wirklichkeit re- und dekonstruieren und anderen seine Wirklichkeiten mitteilen kann; einer **Gestalt**, die Bildungsobjekte zugänglich macht; einem **Impuls**, der die Menschen zu Teilen der solaren Zivilgesellschaft qualifiziert, anregt, affiziert.

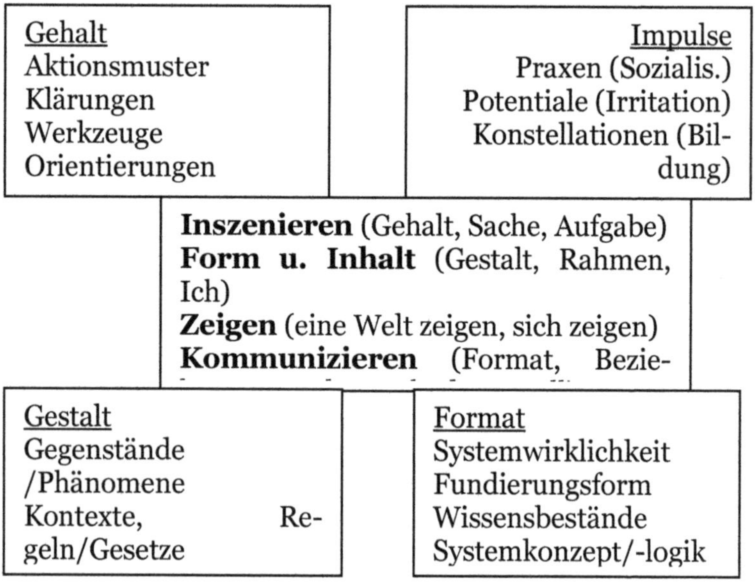

Gehalt Aktionsmuster Klärungen Werkzeuge Orientierungen	Impulse Praxen (Sozialis.) Potentiale (Irritation) Konstellationen (Bildung)

Inszenieren (Gehalt, Sache, Aufgabe)
Form u. Inhalt (Gestalt, Rahmen, Ich)
Zeigen (eine Welt zeigen, sich zeigen)
Kommunizieren (Format, Bezie-

Gestalt Gegenstände /Phänomene Kontexte, Regeln/Gesetze	Format Systemwirklichkeit Fundierungsform Wissensbestände Systemkonzept/-logik

Abbildung 3 Dimensionierung von Settings nach dem Neunermodell Odyssee´s End© von Renate Girmes

7.1 Über das Format einer Schule, das dem dort existierenden Wirtschaftssystem dienlich ist

Bevor wir das Format einer neugedachten Schule für Mosambik beschreiben, braucht es wichtige Klärungen zu den rekurrierenden Systemen, deren Logiken bekanntermaßen das Format der Schule bestimmen. Für das Wirtschaftssystem gilt: es gibt verschwindend wenig Industrie (ein wenig Aluminium und Bergbau), sehr viel Landwirtschaft und vor allem in der Stadt einen großer Dienstleistungssektor, in dem zahlreiche Menschen eigenverantwortlich niedere Dienste anbieten: z.B. Tragen von Taschen am Flughafen, Chapasfahrer, Verkauf von Prepaidkarten für die Mobilfunkanbieter, Straßenverkäufer etc. Ihre Arbeitszeit dauert von Sonnenaufgang bis – untergang, d.h. ca. zwölf Stunden. Auch die Arbeit in der Landwirtschaft wird von der Sonne begrenzt und den Jahreszeiten bestimmt (Regenzeit und Trockenzeit im Wechsel). Lassen wir die Tatsache, dass vor allem die Logik des Wirtschaftssystems die Formate der Schule bestimmt, nicht außer Acht, so kann dies für die Gestaltung unseres Settings bedeuten, dass wir keine zeitliche Begrenzung bei der Nutzung der Schule einführen, als jene, welche die Sonne schon seit jeher vorgibt und die bereits fester Bestandteil der hiesigen Kultur ist. Dies lässt sich allein anhand der mündlichen Begrüßungen belegen. Nach Sonnenaufgang grüßt man sich mit „Bom Dia" – Guten Tag, nach dem Mittag mit „Boa Tarde" – Guten Nachmittag, und bereits ab 18.00 Uhr, also mit dem Sonnenuntergang, der aufgrund der geografischen Lage des Landes jeden Tag zur selben Zeit passiert, mit „Boa Noite" – Gute Nacht, und diese gilt bis zum Sonnenaufgang am nächsten Morgen.

Wenn ein Großteil der mosambikanischen Bevölkerung in der Landwirtschaft und dem Dienstleistungssektor tätig ist, bedarf es für das Format der Schule der eigenverantwortlichen Projektarbeit in kleinen Gruppen oder individuell – genauso, wie der spätere Arbeitsalltag geprägt sein wird: eben als selbstverantwortlicher Alleinunternehmer oder in kleinen Gruppen (z.B. Familienbetriebe) in der Landwirtschaft. Eine mosambikanische Schule braucht demnach keine 45-minütigen Unterrichtsstunden in verschiedenen, voneinander getrennten Fächern, keine Noten oder nach dem Alter getrennte Klassen, weil dies – so konnten wir zeigen – in keiner Weise den späteren Tätigkeiten im Wirtschaftssystem entspricht. Welches Format sie stattdessen ausprägen sollte, weil dies sowohl auf die Bedingungen der Menschen dort als auch die Bedürfnisse des Wirtschaftssystems rekurriert, lässt sich wie folgt zusammenfassen:

- Keine Zeitbegrenzung, außer durch die Sonne, die seit jeher den Tagesablauf bestimmt
- Eigenverantwortliche Projektarbeit, individuell oder in kleinen Gruppen
- Klassen, die aus allen Altersstufen der Schulpflichtigen zusammengesetzt sind (wie beispielsweise die Betriebe in der Agrarwirtschaft)
- Keine 45-minütigen Lerneinheiten, sondern selbstbestimmte Dauer der Beschäftigung mit den Objekten, zu denen eine lernende Beziehung hergestellt wurde
- Keine Benotung, sondern Portfolios über abgeschlossene Projekte mit Lehrerfeedback und eigenen Reflektionen (auf Wunsch der Lernenden auch Feedback in Form von Noten, aber nicht als Selektionswerkzeug)
- Anstatt von Klassenstärken zu sprechen, sollte die gesamte Schülerschaft einer Schule als Einheit betrachtet werden – diese werden in so kleine Gruppen wie möglich und so große Gruppen wie nötig geteilt nach Interessensschwerpunkten aus allen Altersklassen zusammengesetzt, ältere Schüler als Minimoderatoren in den heterogenen Lerngruppen

Gerne begründen wir, warum auch wir das Format der Schule nach den Bedürfnissen des hiesigen Wirtschaftssystems ausrichten, obwohl wir wissen können, dass auch die systemischen Einflüsse kontingent sind und keinesfalls als gegeben akzeptiert werden müssen. Wir haben in jedem Fall den Versuch unternommen, beispielsweise die Logik des Gesundheitssystems oder die der solaren Zivilgesellschaft als konstitutiv für das Format der Schule zu denken. Leider sind dabei zwei Schwierigkeiten aufgetreten: Zum einen degradiert das Gesundheitssystem seine Patienten zu sehr zu Objekten von Behandlung, als dass es ihre Gesundheit schützt, weshalb wir hiervon Abstand nehmen mussten, denn über den Punkt, den Lernenden zum Objekt von Schule zu machen, sollten wir lange hinweg sein. Zum anderen leidet Mosambik und somit auch sein Bildungssystem unter einer ausgeprägten Abhängigkeit von den Geldgeberländern und somit den Wirtschaftssystemen der Welt. Wie der mosambikanische Dozent Geraldo Mate von seinem Bildungssystem berichtete, haben die Geberländer damit immensen Einfluss auf das Bildungssystem des Landes, was dazu führte, dass man einer Ausrichtung des Formats am Politischen System grundsätzlich skeptisch gegenüberstehen sollte und gleichzeitig haben wir erfahren, dass bereits in der Schule der Einfluss der beiden einzigen nennenswerten Parteien des Landes überdeutlich ist. Karrierechancen kommen denen zugute, die sich selbst oder deren Familien sich politisch für „die richtige Partei" engagieren. Das Politische System ist aber wie jedes auf menschlichen Entscheidungskommunikationen basierende System kontingent und allein dieses Wissen um die Konstruiertheit herrschender Verhältnisse sollte in den Mittelpunkt einer mitunter auch politischen Bildung gestellt werden. Die Kontingenz trifft nun aber auch auf das Wirtschaftssystem zu. Warum haben wir dieser übermächtigen Interpenetration Raum gegeben/bzw. schulisches Format danach ausgerichtet? Aus zwei Gründen: zum einen kann auch Mosambik sich nicht der Globalisierung entziehen – Investoren von außerhalb dringen nach und nach in das Land mit ihren Unternehmen. Mosambik hat zwar eine interessante politische Entscheidung was die Unverkäuflichkeit von Land und Boden angeht, getroffen, jedoch wird diese allein nicht vor der Erwirtschaftung von Gewinnen durch ausländische Unternehmer schützen. Wir wissen, dass Mosambik reich an Bodenschätzen ist – jemand wird daran sicher ein Interesse entwickelt haben. Zum anderen strebt Mosambik selbst nach wirtschaftlichem Aufschwung, den man jeder autarken Nation zugestehen muss. Wenn also schon die Einflüsse von Wirtschaftssystemen auf Bildung so übermächtig sind, und die wirtschaftliche Entwicklung mithilfe der Bildung unterstützt werden solle, dann sollte das Bildungssystem Mosambiks wenigstens seiner eigenen Wirtschaft zugutekommen, und somit langfristig zur stetigen Unabhängigwerdung des Landes von Geberländern beitragen.

7.2 Über den Gehalt einer Schule, der Orientierungen und Werkzeuge bietet, damit jeder Mensch sein persönliches Interesse entwickeln, die Wirklichkeit re- und dekonstruieren und anderen seine Wirklichkeiten mitteilen kann

Das Laptop-pro-Schüler-Programm in Ruanda haben wir bereits auf seine entscheidenden Schwachstellen hin untersucht und dabei den Mangel an Orientierungen und Werkzeugen für die eigenverantwortliche Suche im Internet als Hauptursache seiner nicht vollends erfolgreichen Durchführung identifiziert. Nur mit einem spezifischen Interesse an den Phänomenen wird der Zugang zu potentiell unendlich verfügbarem Wissen, wie es das Internet bietet, sinnvoll und nur mit dem dafür benötigten Werkzeug für den Umgang zum einen mit dem Aktanten PC als auch für das Verstehen der Erklärungsmodelle von Welt, die sich im Internet auffinden lassen, ist das Sich-Bilden überhaupt erst möglich.

Eine gehaltvolle neugedachte Schule braucht also Orientierungen – aber welche und wessen könnten das sein? Die wichtigsten Orientierungen, die ein Erziehender dem Zu-Erziehenden nahebringen könnte, sollten immer die Aufgaben in den Blick nehmen, denen sich jeder Mensch stellen will (Denken, Handeln und Sprechen) oder muss (Arbeiten und Herstellen). Da die Gehaltsdimension direkt auf den Platz der Wissensträger bzw. Akteure innerhalb des Neunermodells verweist, steht bei der Konzeptionierung des Gehalts der Akteur noch mehr als bisher im Fokus. Es ist denkbar, dass jeder der an der Lernsituation Beteiligten spezifische Orientierungen mit einbringt. Diese sollten nicht auf eine (möglicherweise vom Lehrer vorgegebene) einzige reduziert und alle anderen mit dieser gleichgeschaltet werden. Der gegensätzliche Weg eines pluralen Orientierungschaos, in dem jeder einzelne Akteur nur der seinen nachgeht, ist jedoch auch nicht denkbar, denn man kann wissen, dass Menschen in sozialen Verbindungen eine eigene Kultur erzeugen – in diesem Fall eine Kultur der Schulklasse (siehe Kapitel 7.1 über das Format der Klassen). Dieser Schulkultur können wir soziale Phänomene, Werte, Bedeutungen, Erzählweisen etc. zuordnen. Selbst in einer so kleinen Sphäre wie der Schulklasse kann somit immer von einer gemeinsam geteilten Kultur gesprochen werden, in der erwartbarerweise auch eine gemeinsame Orientierung entwickelt wird.

Orientierungen sind rückbesinnende, vorwärtsgerichtete spezifische Interessen. Während die Vorwärtsrichtung unserer Schulinstitution schon anhand der Erziehungsprogrammatik dargestellt und als die auf den spezifischen Bedingtheiten der mosambikanischen Lebenswelt aufbauende, selbsttätige, selbstversorgte und selbstverantwortete Bildung beschrieben worden ist, fehlt es bisher an der zur Orientierung als Weiteres benötigten Rückbesinnung. In Mosambik gab es während der Kolonialzeit bis 1975 keine Möglichkeiten der Rückbesinnung auf afrikanische Wurzeln und selbst seit 1975 bis heute hat die regional über Jahrhunderte gewachsene afrikanische Kultur nur sehr wenig Bedeutung für eine rückbesinnende Vorwärtsorientierung. Deshalb überrascht es nicht, dass die größtenteils erfahrbare Orientierung sowohl des Bildungssystems als auch der anderen Funktionssysteme der mosambikanischen Gesellschaft immer noch und weiterhin auf Europa und Amerika (Nord wie Süd) zielt. Hier haben wir es mit mehreren Forschungsfragen von essentieller Bedeutung zu tun: Welche Identitätsbildung ist möglich und welche vorherrschend? Hat die Wurzellosigkeit, wie man das Phänomen der Entafrikanisierung von Kultur durch die Kolonialherrschaft und der jetzigen Geldgeberherrschaft nennen könnte, zu Problemen geführt? Ist eine Rückbesinnung auf vorkoloniale afrikanische Kultur möglich und angezeigt? Diese Fragen sind im Rahmen der Masterthesis entstanden. Ihrer Beantwortung sollte die Aufmerksamkeit fortgehender Forschung gelten, welche wir hiermit deutlich anregen möchten. Doch selbst ohne ihre Antworten zu kennen, können wir eine weit zurückgehende Rückbesinnung auf die afrikanischen Werte, Bedeutungsgewebe, Klärungen, Wissensbestände, Kulturgüter etc. als Basis für eine Vorwärtsrichtung der Orientierungen begründet postulieren: Wenn man weiß, wie die eigenen Vorfahren sich Weltphänomene erklärt, sich Bedeutungen erschaffen, ihr Leben innerhalb einer strukturierten Gesellschaft organisiert haben, fällt die Rekonstruktion der eigenen Wirklichkeit leichter und erhält einen unweit größeren Wert, als wenn man das Fremde zu rekonstruieren und als sein Eigenes zu adaptieren versucht. Nur, wenn man sich ganz in seiner Kultur heimisch fühlt – damit ist nicht gemeint, dass man sie nicht auch kritisieren und ablehnen kann, jedoch ist man sich seiner Identität und ihrer Gewordenheit lückenlos bewusst – kann man sich in die Welt hinaus orientieren. An dieser Stelle möge das Beispiel verschiedener Märchenerzählungen erlaubt sein: alle jungen Männer, die auszogen, um ihr Glück zu machen, oder ihre Liebe zu treffen, oder das Böse zu besiegen, haben ein sehr ausgeprägtes Gefühl für ihre Heimat, aus der sie aufbrachen (teilweise gezwungenermaßen) und in die sie als veränderte Männer wieder zurückkehren. Stammen sie aus sehr armen Familien, wie z.B. Hans und Gretel, die passenderweise im Wald die Orientierung verloren und so in die Fänge der bösen Hexe geraten, kehren sie als wohlhabend und selbstbewusst zurück, um ihrer Familie vom Reichtum abzugeben. Stammen sie aus sehr liebenden Familien, wie z.B. Kai und Gerda aus dem Märchen über die Schneekönigin, in dem Kai von der Hexe gekidnappt wird, entwickelt die kleine Gerda durch ihre Sehnsucht nach ihrem Freund einen solchen Vorwärtsdrang, dass sie allein auszieht und die beschwerliche Reise bis zum Nordpol allein bewältigt, um Kai zu retten und als erwachsenes Liebespaar in ihre Heimat zurückzukehren. Selbst in dem Märchen, in dem die Heimat keinen verlässlichen Rahmen mehr bietet, weil der Vater tot ist und die böse Stiefmutter nun ihr Unwesen treibt, entwickelt das Aschenputtel ihr Vorwärtsstreben, geht verbotenerweise zum Ball und tanzt mit dem Prinzen, der sie später aus ihrer Situation errettet und auf sein Schloss mitnimmt. Derlei Beispiele aus Märchenerzählungen finden sich zahlreich.

Fassen wir zusammen: Ohne Orientierung ist der Zugang zum potentiell unendlich verfügbaren Wissen via Internat qua PC sinnlos, weil ohne Sinn, ohne geteilte Orientierung. Wenn wir die Sinnstiftung nicht dem Zufall überlassen möchten, braucht gehaltvolle Schule diese rückbesinnende Vorwärtsorientierung, wie wir sie definiert haben. Vorwärts orientieren sich die Lernenden aufgrund ihrer Bedingtheiten und der Aufgaben, denen sie sich stellen: selbsttätiges, selbstversorgendes und selbstverantwortetes Sich-Bilden. Der rückbesinnende Moment während des Orientierens kann und sollte auf die vorkoloniale afrikanische Kultur mit ihrer identitätsbildenden Kraft zielen, denn hier könnte sich ein ermächtigendes und stärkendes Heimischwerden in seiner Kultur (die dann durchaus auch aus portugiesischen, europäischen, amerikanischen Einflüssen besteht, aber eben auch bestehen *darf*) vollziehen. Auf dieses Verwurzelt-Sein in seiner Heimat aufbauend, ist das Vorwärtsstreben poten-

tiell selbstbewusster, motivierter, stringenter, anschlussfähiger, mutiger und reflektierbarer als ohne Bewusstsein
für die eigene Identität oder Herkunft. In jedem Fall aber
ist Schule und der in ihr realisierte Zugang zu allem verfügbaren Wissen via Internet auf eine orientierte und
verwurzelte Weise niemals sinnlos.

Wie wir bereits angedeutet haben, gehört zu einer ge-
haltvollen Schule auch immer die Bereitstellung von
Werkzeugen als die Wissensbausteine, mit deren Hilfe
jedermann sich die Welt erschließen kann. Zu ihnen gehören auch sogenannte Kompetenzen wie das Lesen und
Schreiben, da sie Schlüsselkompetenzen für den Zugang
zu allumfassenden Wissen sind. Wir haben weiter oben
vom Code des möglichen Wissens gesprochen, den man
erst kennen und selbst beherrschen müsse, um daran
teilzuhaben. Genau diese Kenntnis der Zeichen, die das
unendlich verfügbare Wissen kodieren und das eigene
Verwenden des Codes, sind Werkzeuge im Sinne von die
hergestellte Welt dekodierenden Wissensbausteinen. In
Mosambik haben wir es bei der Ausdifferenzierung des
Settings nicht nur mit der Zurverfügungstellung vom
Werkzeug „Lesen und Schreiben" zu tun, denn in welcher
Sprache – und Sprache ist der Code des möglichen Wissens – mögen die Kinder bestenfalls befähigt sein, um an
diesem Code teilzunehmen. Diese Frage ist komplex, und
obwohl wir eine Antwort darauf geben möchten und werden, müssen wir doch gleichzeitig um weitere Erforschung dieses Feldes bitten. Sie ist dementsprechend eine
Forschungsfrage, auf die wir nur eine sehr vorläufige
Antwort geben können: Das Portugiesische ist mosambikanische Landessprache und damit der Code des urbanen
Lebens, der Medien, der Politik und der Wirtschaft (Ein-
zelunternehmer, die Dienstleistungen anbieten). Die über
40 regionalen Sprachen und Dialekte, die die Koloniali-
sierung überdauert haben und in denen jedes Neugeborene hineinwächst, sehen wir als Unterbau – ein jeder
Zu-Erziehende spricht und versteht eine dieser zahlreichen afrikanischen Sprachen. Das Englische betrachten
wir als die oberste Säule, weil sie der vorherrschende

Code im Weltdiskurs ist. Soll das Internet als der Zugang zu unendlich verfügbarem Wissen möglichst umfassend nutzbar gemacht werden, bedarf es auch der Vermittlung des Englischen als Schlüsselkompetenz. Abbildung 4 zeigt eine Möglichkeit des Aufbaus der Schlüsselkompetenz Sprache in Mosambik.

Abbildung 4 Möglichkeit des Aufbaus der Schlüsselkompetenz Sprache in Mosambik

Die Vermittlung des Werkzeugs Sprache als das Instrument zur Teilhabe am Weltdiskurs durch Kenntnis und Nutzung seines Codes sollte mit dem Erlernen von Lesen und Schreiben in der jeweiligen Regionalsprache beginnen, denn diesen Code kennen und nutzen sie bereits. Das erfordert eine große Anzahl an Lehrern, die der jeweiligen Regionalsprache mächtig sind, könnte man erwidern. Allerdings hat die Alphabetisierungsprogrammatik nach Paulo Freire auf beeindruckende Weise verdeutlicht, dass es für das Entwickeln der Kompetenz Lesen und Schreiben keine Berufslehrer – also hochschulisch ausgebildete Fachlehrer – braucht, sondern dass vielmehr emphatische, kulturell interessierte Menschen gebraucht werden, die die generativen Wörter vor Ort, also dezentral herausfiltern und darauf aufbauend die Bilder mit den Bildern der Silben von Wörtern verbinden. Solche emphatischen, kulturell interessierten Menschen sind in jedem einzelnen Dorf anzutreffen, dessen sind wir uns sicher. *Sie* sind es also, die die Erstalphabetisierung also das Lesen und Schreiben in den jeweiligen Dörfern ermöglichen sollten. Sie sprechen je eine der 40 Regionalsprachen – das ist ihre Professionalität. Wenn sie ein Interesse an den Menschen ihrer Dorfgemeinschaft haben, sind sie auch in der Lage, die generativen Wörter zu bilden. Was es also braucht, ist in erster Linie das Finden dieser Regionalprofessionellen, denen man das Freiresche Alphabetisierungsprogramm nahebringt und sie ermutigt, jedem Interessierten auf diese Weise das Erlernen von Lesen und Schreiben zu ermöglichen. Da wir in Mosambik generell eine beachtliche Zahl an nicht hochschulisch ausgebildeten Lehrern vorfinden, gehen wir davon aus, dass diese Bewegung hin zu Dorfprofessionellen an die kulturellen und systematischen Bedeutungen anschlussfähiger ist, als es bei uns in Deutschland der Fall wäre. Es besteht also begründete Hoffnung, dass die Erstalphabetisierung in Mosambik auf die Regionalsprachen aufbauen kann. Das spätere Erlernen von Portugiesisch und Englisch ähnelt dann wiederum der Lerngeschichte jeglicher Fremdsprachen – einzelne Zeichen des Codes müssen verstanden und nutzbar sein, um im Dialog mit anderen Menschen und mit Medien (Videos, Filme, Musik) geübt und erweitert zu werden.

Fassen wir also unsere Überlegungen zum Gehalt von Schule zusammen: Zur Ausrichtung des je eigenen Fokus und zum Entwickeln des je eigenen Entdeckungsinteresses braucht es geteilte Orientierung – also gemeinsam entwickelter Sinn. Diese Orientierung haben wir als das rückbesinnende Vorwärtsstreben definiert. In Mosambik haben wir die Möglichkeit, das Heimischwerden in der vorkolonialen afrikanischen Kultur zu unterstützen, und darauf aufbauend die portugiesische, europäische und amerikanische Kultur in Zusammenhang zu bringen. Damit streben wir nach einer der eigenen Kulturdiversität bewussten Identitätsbildung eines jeden Menschen in diesem Land. Zum Gehalt eines Settings und damit unserer neugedachten Schule gehört ebenfalls das Bereitstellen von Werkzeugen. Als das wichtigste Werkzeug haben wir die Kenntnis und die Nutzung des Codes von Wissen beschrieben: Lesen und Schreiben in der jeweiligen Regionalsprache, Portugiesisch und Englisch. Auch hier streben wir nach einer Rückorientierung und stärkeren Fokussierung auf die ursprüngliche afrikanische Sprache im jeweiligen Dorf als *die* Sprache, in der ein jeder emphatischer, kulturell interessierter Mensch – wir nannten ihn Dorfprofessionellen – mithilfe der Freireschen Alphabetisierungsprogrammatik jedem Dorfbewohner das Lesen- und Schreibenlernen ermöglichen kann. Das Lernen von Portugiesisch und Englisch vollzieht der Lerner dann wie jedes Lernen von Fremdsprachen – mit Kenntnis einiger basaler Zeichen und Wörter im Dialog mit anderen Menschen oder Medien (Videos, Musik, Filme). Hiermit würde vermieden, dass das Erlernen von Lesen und Schreiben an der Barriere Fremdsprache Portugiesisch scheitert.

7.3   Über die Gestalt einer Schule, die Bildungsobjekte zugänglich macht

Nachdem wir das Format und den Gehalt des Settings einer neugedachten Schule beschrieben haben, folgt die Ausdifferenzierung seiner Gestalt, als die einer energie- und versorgungsautarken Einrichtung. Renate Girmes zufolge rekurriert die Gestalt eines Settings auf dessen Voraussetzungen: Gegenstände, Phänomene und Ressourcen. Auf Basis der Ressourcen, die für eine neugedachte Schule in Mosambik zur Verfügung stehen (einige davon kennen wir, einige davon sind noch zu erforschen), entwickeln wir ein Konzept zur Herstellung/Erbauung/Versorgung dieser Schule und benennen gleichzeitig die Phänomene und Gegenstände als die Bildungsgegenstände, an denen die Lernenden sich interessieren, von denen sie sich anziehen und zu aktivem Selbsttätigsein anregen lassen. Die Motivation für das Tätigsein und Aktivsein mit den Bildungsgegenständen geht nicht von den Lehrenden aus. Sie ist ein sich im Spannungsfeld zwischen dem Lernenden (weil er Zeit und Raum hat, sich zu interessieren und damit zu beschäftigen) und dem Bildungsgegenstand (weil er Anregung erzeugt) entwickelndes Moment. Dem Lehrenden kommt dabei die Aufgabe des Zeitgebens für die Beschäftigung des Lernenden mit den Bildungsgegenständen und Hilfestellung, wenn benötigt, zu. Er ist, wie wir bereits mehrfach betont haben, derjenige, der die Möglichkeiten für das Selbsttätigsein bietet. Dem Raum – also der Schule als das Setting – kommt die Aufgabe der Bereitstellung möglichst vieler solcher anregenden Bildungsgegenstände zu, und der Gehalt des Settings – nämlich die Orientierungen und Werkzeuge – erzeugt aus gemeinsam geteilten Sinn (rückbesinnendes Vorwärtsstreben) heraus und die Befähigung des Umgangs mit der Welt durch die Werkzeuge die Ermächtigung des Lernenden, die es braucht, um sich mutig den Bildungsgegenständen zu nähern und diese zu bearbeiten. Widmen mir uns also nun dem spannenden Bau dieser neugedachten Schule, an der nicht alles neu erdacht ist, denn einige Settings ähnlicher Art gibt es bereits, anhand derer wir uns orientiert haben und die wir in unserer Konzeption mit aufgenommen haben. In Tansania z.B. gibt es eine Schule namens Connecting Continents Secondary School, die von zwei Deutschen erbaut worden ist und energieautark ihre Wasser- und Energieversorgung selbst gewährleistet. Die Schule steht auf einer kleinen Insel namens Pemba, auf der ca. 250.000 Menschen leben. „Im Oktober 2005 wurde eine Inselphotovoltaikanlage mit einer Größe von 3,3 kWp Leistung auf dem Dach der Schule in Betrieb genommen. Die 21 aleo Solarmodule, vier SMA Wechselrichter und eine 24 Volt Solarbatterieanlage (AIM) bestehend aus 12 Zellen mit einer Kapazität von 1.200 Ah sorgen dafür, dass die Stromversorgung unabhängig vom Stromnetz, also energieautark funktioniert."[128] Diese Schule beherbergt allerdings zurzeit nur 210 Schüler – für eine Bildungseinrichtung in Mosambik sind Zahlen

---

[128] http://www.connectingcontinents.de/fileserver/ar040049/filesdb/
Erfahrungsbericht%20komplett%20neu.pdf : 8

um das zehnfache für eine Schule keine Seltenheit. Damit hat unsere Schule einen erwartungsgemäß höheren Energiebedarf. Diesen haben wir anhand einer Tabelle zusammengestellt. Zur Grundlage nahmen wir die erwartete Ausstattung und damit den Energieverbrauch eines Klassenraums mit ca. 40 Schülern. Diesen Grundwert kann man dann jeder Schule individuell anpassen, was den Aufwand für die Berechnung des Verbrauchs weiterer Schulen durchaus erleichtern wird:

Gerät	Ver- brauch	Pro Jahr (Schulbe- trieb an 300 Ta- gen)	Pro Klasse (40 Schü- ler)	Pro Schule (10 Klassen)
Lampen	150 W	360 kW	3600 kW	36.000 kW
Energie- sparlampen	50 W	120 kW	1200 kW	12.000 kW
Laptops	150 W	450 kW	18.000 kW	400 Laptops, 10 Stunden pro Tag, 300 Tage 180.000 kW
Wasserpum- pe (kleinere Schulen)	500 W	150 kW		450 kW (bei 3 Wasser- pumpen pro Schule)
Wasserpum- pe (größere Schulen)	1500 W	450 kW		1350 kW (bei 3 großen Wasserpumpen pro Schule)
Energiebe- darf gesamt				217350 kW = 217 Megawatt
Energiebe- darf ges. (Energie- sparlam- pen)				192450 kW = 192 Megawatt

Tabelle 3 Überblick über den Bedarf an elektrischer Energie pro Gerät, pro Jahr, pro Klasse und pro Schule (hier 400 Schüler)

Nachdem wir den absoluten Höchstbedarf einer Schule mit 400 Laptops, die 10 Stunden an 300 Tagen in Betrieb sind, berechnet haben, müssen wir ermitteln, welche Photovoltaik-Anlage wir brauchen, um die Leistung zu bringen. Man spricht bei Photovoltaik-Anlagen immer von Kilowattpeak – die Höchstleistung, die eine Anlage bei maximaler Sonneneinstrahlung erwirtschaften kann. Ein Kilowattpeak entsprechen in Deutschland ca. 800-900 kWh. In Mosambik kann eine Anlage mit einem Kilowattpeak bis zu 1460 kWh pro m^2 Strom in einem Jahr erzeugen.

$$1460 \text{ kWh pro } m^2 * x = 192450 \text{ kW}; x = 131,815 \text{ } m^2$$

Das würde bedeuten, man bräuchte eine Anlage von ca. 132 m^2, um die 192 Megawatt zu erzeugen. Nun gibt es aber leistungsstärkere Anlagen mit mehr als einem Kilowattpeak. Das Unternehmen Gehrlicher Solar AG z.B. hat im Oktober 2010 eine netzunabhängige Solarstrom-Inselanlage aus Photovoltaik auf dem Dach einer kongolesischen Schule mit einer Leistung von rund 7,5 Kilowatt (kWp) errichtet.[129] Mit beispielsweise einer 7 kWp-starken Anlage können in Mosambik 10200 kWh/m^2 erzeugt werden.

$$10200 \text{ kWh/}m^2 * x = 192450 \text{ kW}; x = 18,86 \text{ } m^2$$

Das bedeutet, man bräuchte, um die absolute Höchstenergiemenge von 192 Megawatt pro Jahr zu erzeugen, eine Photovoltaikanlage von 7 Kilowattpeak Leistung und eine Solarzellenfläche von ca. 19 Quadratmetern, die man auf einem Schuldach installieren würde. Für die Berechnungen nutzten wir den Service eines EU-geförderten Projekts namens Photovoltaik Geographical Information System (kurz PVGIS). Hier die Ergebnisse im Detail:

"PVGIS estimates of solar electricity generation Location: 13°4'7" South, 38°29'45" East, Elevation: 463 m a.s.l. [Dies sind die Koordinaten im Zentrum Mosambiks.]

Solar radiation database used: PVGIS-helioclim

---

[129]Vgl.   http://www.greentech-germany.com/photovoltaik-fuer-afrika-gehrlicher-solar-ag-installiert-off-grid-anlage-im-kongo-a15674/

Nominal power of the PV system: 7.0 kWp (crystalline silicon)
Estimated losses due to temperature: 18.8% (using local ambient temperature)
Estimated loss due to angular reflectance effects: 2.4%
Other losses (cables, inverter etc.): 14.0%
Combined PV system losses: 31.9%
Fixed system: inclination=17°, orientation=179° [Dies sind die Daten über die empfohlene Ausrichtung der Solarzellen zum Horizont.]

Nun wissen wir, welche Photovoltaik-Anlage wir installieren müssen, um die Schule energieautark zu betreiben. Da wir für die Nutzung von Laptops Wechselspannung brauchen, die Anlage aber Gleichstrom liefert, braucht es einer weiteren Komponente: den Wechselrichter. In der Tabelle der PVGIS können wir ablesen, dass unsere Photovoltaik-Anlage bis zu 30 kWh am Tag produziert. Daher brauchen wir Wechselrichter, die diese Leistungsschwankungen aufnehmen können und gleichbleibende 150 W Wechselstrom für die Laptops bereitstellen. Da uns das Unternehmen SMA Solartechnology AG bekannt ist und auch in der autarken Connecting Continents Secondary School auf Pemba in Tansania auf die Wechselrichter von SMA zurückgegriffen worden sind, sind wir bei SMA fündig geworden. Sie bieten einen Wechselrichter namens Sunny Island 5068[130] an, der auf die Insellösungen in autarken Mikronetzen spezialisiert ist. Sein Leistungsbereich liegt zwischen 3 und 300 kW und somit ist er für unser Projekt gut geeignet, kostet aber ca. 3500 €, weswegen hier eine Kooperation mit SMA Solar Technology angestrebt ist.

Nachdem wir die Stromversorgung der neugedachten Schule erläutert haben, stellen wir im Folgenden die

---

[130]   http://www.sma.de/de/produkte/insel-wechselrichter/sunny-island-5048-5048-us.html

Bauweise der Schule und ihre Versorgung mit Wasser vor. Durch die Organisation TEUTLOFF[131] in Barby und Schönebeck wird die sogenannte Wabenbauweise postuliert und, da es sich bei Teutloff um eine private Bildungseinrichtung handelt, auch gelehrt. Diese Bauweise erlaubt die Verwendung von besonders wenig Material im Verhältnis zur gewonnenen Nutzungsfläche. Gleichzeitig sorgt die geometrische Form der Waben für eine hohe Stabilität unter Einsatz leichter Materialien und wenig Verbindungsmaterial. Die dritte Besonderheit ist, dass die Art so zu bauen, leicht lernbar ist und somit eine Abhängigkeit von Experten und teuren Materialimporten vermieden wird. Für die Nachhaltigkeit des Settings sind somit wichtige Vorüberlegungen getroffen. Eine weitere ist die, dass mithilfe der Wabenbauweise die Flächen für die Schulen stetig erweiterbar sind – wird ein neues Klassenzimmer benötigt, baut man eine weitere Wabe an. Mit dieser Technik ist der Erbau der Schule gewährleistet.

Nun gilt es, das Klima – sozusagen die Luftversorgung – und die Wasserversorgung für den Bedarf der Nutzer zu konzipieren. Für eine Schule in Malawi hat ein Architektenbüro namens MDA Studios bereits ein Konzept für die optimale Belüftung einer Schule erarbeitet, an dem wir uns orientieren werden und es in die Dachkonstruktion auf den Wänden in Wabenform integrieren werden. Gleichzeitig haben die Architekten die Nutzung von Photovoltaikmodulen bereits mit bedacht, was unserem Vorhaben sehr zugutekommt.

Man belässt aufgrund der ganzjährig warmen Temperaturen die Fenster ohne Glas. Das ist in Mosambik bereits gängige Praxis – z.B. sind die neugebauten Universitätsgebäude zum Teil fensterlos. Es erspart zum einen ein hohes Maß an Rohstoffverbrauch – Glas ist ein teures Produkt, das importiert werden muss, und sorgt zweitens

---

[131]http://www.wind-energie.de/de/windenergie-in-der-region/bundeslaender/sachsen-anhalt/aktuelles-aus-der-region/article/teutloff-kompetenzzentrum-fur-erneuerbare-energien-in-barby/24/

für eine optimale Belüftung der Räumlichkeiten. Die im Raum von den Nutzern aufgeheizte, sauerstoffarme Luft steigt empor und entweicht durch einen schräggebauten Spalt zwischen den zwei Ebenen des Daches. Durch den Sog, der dabei entsteht, dringt kühlere, sauerstoffreichere Luft von außen durch die Fenster hinein. Ein Hereinregnen durch die glaslosen Fenster wird vermieden, indem man den Dachüberstand vergrößert hat und die Höhe des Daches an ihrer niedrigsten Stelle verkleinert hat. Somit entstehen gleichzeitig außerhalb des Gebäudes wichtige Schattenplätze. Auf diese Weise können zwischen den einzelnen Gebäuden weitere Lernräume entstehen: Gartenfläche, Begegnungsräume, Entspannung während des Tages.

Eine letzte wichtige Frage bei der Gestaltung der Gebäude ist die nach der Versorgung mit Wasser und die Entsorgung des Abwassers. Hierfür haben wir eine Wasserpumpe angedacht, die aus ca. 50 m Tiefe sauberes Grundwasser zutage fördert und die Nutzer der Schule mit Trinkwasser versorgt. Inwieweit dieses Grundwasser tatsächlich zum Trinken geeignet ist und wie tief genau man danach bohren muss, um es zu fördern, ist eine Forschungsfrage, deren Beantwortung wir hiermit ausdrücklich begrüßen würden. Eine Erhitzung des Wassers auf zum Duschen und Waschen geeignete 45 Grad gewährleisten Sonnenkollektoren in dunkler Farbe, bei deren Durchlaufen das Wasser einfach erhitzt wird. Die Technologie hierfür ist unkompliziert. Es braucht nicht einmal Kunststoffe oder Metalle – schwarz angestrichene, in parallelen Bahnen eng aneinandergelegte Bambusrohre reichen bei entsprechender Sonneneinstrahlung bereits aus, um das Wasser genügend zu erwärmen. Der Betrieb von Toiletten mit dem Trinkwasser aus dem Boden ist nicht angezeigt. Stattdessen soll eine 50 Kubikmeter große Zisterne das während der Regenzeit fallende Wasser auffangen, welches dann durch einen Wasserkreislauf den Toiletten zugeführt wird. Wasser, das hier übrig bleibt, kann für die Bewässerung der Pflanzen im schuleigenen Garten genutzt werden. Die Entsorgung von Abwasser aus den Toiletten geschieht, indem es durch eine natürlich gebaute Kläranlage gesäubert wird, bevor wir es dem natürlichen Wasserkreislauf zurückgeben. Diese Dreikammergrube ist ein einziger großer Behälter aus Beton, in dem drei Kammern voneinander getrennt sind. Das Abwasser aus den Toiletten mitsamt den Feststoffen wird von oben in die erste, die größte Kammer geleitet. Zwei Durchlassrohre auf einem halben Meter Höhe lassen das Wasser zur zweiten Kammer hindurch. Zwei weitere Durchlassrohre, die die zweite mit der dritten Kammer verbinden, sind ebenfalls auf einem halben Meter Höhe angebracht. Durch diese Durchlässe bewegt sich das Wasser stetig hindurch. Die festen Stoffe bleiben, da sie entweder oben schwimmen oder unten auf dem Grund liegen, in der ersten Kammer, die beiden weiteren Kammern filtern das Wasser zusätzlich. Der Ablauf aus der Dreikammergrube ist nur ca. zehn Zentimeter unterhalb des Einlaufs in die Grube angebracht, sodass ein geringes Gefälle entsteht, welches das Abwasser in Bewegung hält. Mikroorganismen in den zwei kleineren Kammern säubern das Wasser. Dieser Dreikammerkläranlage wird eine Pflanzenkläranlage nachgeschaltet, durch die das vorgefilterte Abwasser endgültig gereinigt wird. Pflanzenkläranlagen bauen auf die mechanische Filterung der Sedimente, die biologische Reinigung durch die verschiedenen Pflanzenarten, chemische Reaktionen zwischen den Wurzeln der Pflanzen und Zersetzung der Schmutzpartikel im Abwasser durch Bakterien auf. Welche Pflanzen sich für diese Pflanzenkläranlage in Mosambik eignen, ist eine Forschungsfrage, deren Beantwortung wir nicht leisten können. Das Wasser, das diese Pflanzenkläranlage durchströmt, kann gänzlich dem Wasserkreislauf zurückgegeben oder in einem Behälter aufgefangen und für die Bewässerung des schuleigenen Gartens genutzt werden.

Bis zu diesem Punkt haben wir die Ressourcen, welche für die Gestaltung einer Schule in Mosambik verfügbar sind, und die Technologien für ihre Nutzung eingehend beschrieben. So sind die Solarenergienutzung durch Photovoltaikanlage und Sonnenkollektoren und die Wassernutzung und Abwasserentsorgung die wichtigsten Komponenten, die es für eine energieautarke Einrichtung braucht. Damit ist aber nur ein Teil der Gestalt von Schule als Setting bearbeitet worden – der weitaus wichtigere ist das Moment, in dem die Gegenstände zu Bildungsgegenständen werden, die die Lernenden anziehen, sie interessieren und aktivieren. Wie wir zeigen konnten, ist allein die Funktionsweise der Kläranlage ein so spannendes und disziplinübergreifendes Phänomen, das erforscht und entdeckt werden will. Eine formale Trennung nach Unterrichtsfächern ist somit obsolet. Die Kläranlage verbindet biologisches, physikalisches, botanisches, chemisches, wirtschaftliches, ökologisches und architektonisches Wissen miteinander und ist demnach ein wichtiger Bildungsgegenstand für sich. Man überlege sich einmal, welches Aktivierungspotential ein solches Projekt „Kläranlage" hat, wenn die Nutzer der Schule am Bau mitbeteiligt sind: Artikulation von Selbstversorgung, Selbsttätigkeit und Selbstverantwortung als Modus und Ertrag von „Bildung". Gleiches gilt für den Bau des Sonnenkollektors aus Bambusstäben, oder die Erbauung und Installation der Photovoltaikanlage. Selbst die Funktionsweise der Selbstbelüftung und die Wabenbauweise sind wichtige Phänomene, die die Nutzer der Schule anziehen, anregen und mit denen sie sich beschäftigen wollen. Die Arbeit mit und an den Bildungsgegenständen ist kein Haben im vom Erich Fromm kritisierten Sinne, sondern ein Sich-Bilden im Sinne des Frommschen Seinsbegriffs, ein sogenanntes Menschwerden und Wachsen.

7.4 Über den Impuls einer Schule, der die Menschen sich selbsttätig, selbstversorgend und selbstverantwortet zum Sich-Bilden bringt

Im Grunde ist die Theoretisierung des Impulses eines Settings wie das unserer Schule eine Rekurrenz auf seine

Programmatik, weil es die spezifischen Potentiale und Konstellationen im Setting verortet und beschreibt. Die Konstellationen und Potentiale in unserem Setting sind jene Gegenstände und Phänomene, die das Sich-Bilden der Lernenden ermöglichen. Der Impuls des Settings entsteht also aus der besonderen Anregungswirkung der Bildungsgegenstände, die in der Schule zur Verfügung gestellt werden, bzw. aus denen sie aufgebaut ist. Vordergründig zu nennen sind hier die spezifischen Konstellationen aus verwendeten Materialien, zugrundeliegenden Technologien und Techniken, sowie Lebewesen und physikalischen Vorgängen, die die Selbstversorgung der Schule gewährleisten. Solche Bildungsgegenstände wirken anziehend und anregend auf die Nutzer der Schule. Ihr Verstehen und Nachvollziehen als die Rekonstruktion und ihre Mitentwicklung und Wartung als die Neukonstruktion dieser Gegenstände und Phänomene auf mutige und ermutigte Weise stehen im Mittelpunkt der Settingkonzeption. Unsere Intention liegt nämlich darin, hier kein Kompetenzzentrum für erneuerbare Energien zu entwickeln, das die zukünftigen Facharbeiter für Energiesysteme im Dienste globaler Solarunternehmen ausbildet. Stattdessen war der Leitgedanke des gesamten Entwickelns eines solchen Settings die Konstruktion eines Raumes,

- der Raum und Zeit gibt,
- in dem die Lehrenden eine professionelle Haltung als Möglichkeitenvervielfacher einnehmen,
- in dem eine gemeinsam geteilte Orientierung entsteht,
- in dem Werkzeuge für die Erfassung, Re- und De-Konstruktion von Welt, zur Verfügung stehen,
- der autark gegenüber jeglichen Abhängigkeiten ist
- der Bildungsgegenstände bereithält, die die Nutzer zur Selbsttätigkeit anregen
- in dem durch die Artikulation von selbstverantwortetem Tätigsein, unabhängig machender Selbstversorgung, ermutigte Beschäftigung mit und ermutigendes Verstehen der Welt „Bildung" als ein Sich-Bilden entsteht.

Damit würde nicht nur ein Impuls von uns als Konstrukteuren solcher Settings auf den Raum übergehen, der ihn verändert und seine Konstellation aus Gegenständen und Phänomenen erst entstehen lässt, sondern der Raum selbst wird zum Impulsgeber für seine Nutzer, in dem die enthaltenen und ihn erschaffenden Elemente die Raumbenutzer zu ihrer Aneignung anregen. Wenn der Impuls unserer neugedachten Schule in einem Leitsatz Ausdruck finden kann, dann möglicherweise in diesem: Bildung ist nicht nur das Ergebnis der Artikulation von Selbstversorgung, Selbsttätigkeit und Selbstverantwortung sondern gleichzeitig auch der wichtigste Modus des Sich-Bildens eines jeden Menschen.

8 Zusammenfassung und Ausblick

"It takes a village to raise a child."
Mit diesem Sprichwort möchten wir dieses letzte Kapitel einleiten, in welchem wir die Masterthesis zu ihrem Ende bringen, sie mit einer Zusammenfassung abschließen und einen Ausblick auf weiteres Vorgehen, Umgehen mit dem Wissen und entstandene Forschungsfragen geben.

Es braucht ein Dorf, um ein Kind groß zu ziehen. So könnte dieses Sprichwort ins Deutsche übersetzt werden. Die englische Sprache macht es aber eleganter, denn „to raise" impliziert mehr als das Großziehen von Kindern, „to raise" ist immer mit einer Dynamik von unten nach oben verbunden. Es bedeutet demnach, dass man Kinder zur Sprache bringt; erhebt oder emporhebt. Verbildlicht gesprochen zieht im Deutschen die erwachsene Generation die nachwachsende groß, bis diese erwachsen ist. Die Dynamik geht von oben nach unten. Im Englischen hingegen geht das Wachsen von dem zur Sprache gebrachten, erhöhten Kind aus – ein bemerkenswerter Unterschied zwischen beiden Szenarien wird deutlich. Die Herkunft des Sprichworts ist mehr als unklar. Man kann es auf ein Buch Hillary Clintons zurückführen, oder einer amerikanischen Kinderbuchautorin namens Jane Cowen-Fletcher glauben, es stamme aus Benin. Oftmals wird es nur mit „afrikanisches Sprichwort" zitiert, aber diesem Afrikalabel, das mehr als zu bezweifeln ist, da man die Herkunft des Sprichworts gar nicht kennt, wollen wir uns nicht bedienen, denn es braucht keine Verortung dieses Sprichworts auf einem Kontinent, um seine Bedeutung zu erhöhen. Es genügt, dieses vom Kind ausgehende Erwachsen in einem Kontext zu verorten, den es weltweit gibt: das Dorf. Genügt ein Dorf, um Kinder auf sie erhöhende, zur Sprache bringende Weise zum Sich-Bilden zu verhelfen? Nach allen Überlegungen und Erkenntnissen, die wir mit der Erforschung vom Bildungssystem in Mosambik gewonnen und in der vorliegenden Thesis dargelegt haben, kann diese Frage eindeutig bejaht werden. Dass es ein Dorf als einen Ort im Sinne eines speziell gestalteten Settings braucht, in dem Menschen als mit einer speziellen Haltung agierende Akteure auf spezielle Weise im Sinne einer veränderten Erziehungsprogrammatik Kinder erziehen können, ist die Quintessenz dieser Arbeit.

Wir sind ausgegangen von der Funktion von Bildungssystemen, die sie nach innen konstituiert und von anderen Funktionssystemen der Gesellschaft abgrenzt. Die Funktion von Bildungssystemen ist die Erziehung von nachwachsenden Generationen, mit der sie in die bestehende Gesellschaft eingeübt werden, um mit ihr Sprache, Werte und Welt teilen zu können. Da das Bildungssystem Mosambiks im Mittelpunkt unserer Analyse steht, haben wir zuerst rekonstruiert, wie das Bildungssystem dort auf seine Subsysteme aufgebaut ist und es von anderen Funktionssystemen der Gesellschaft – wie dem Politischen System, dem Gesundheitssystem oder dem Wirtschaftssystem abgegrenzt. Nun folgten systemanalytische Betrachtungen mithilfe der Systemtheorie Luhmanns. Systeme sind nach innen auf Kommunikation aufgebaut und nach außen miteinander strukturell gekoppelt. Während Systeme also nur in sich selbst sinnhaft operieren, findet durch die strukturelle Kopplung eine Art Ankicken eines anderen Systems statt, in dem die Operation des anderen Systems eine Art Übersetzung erfährt. Auf diese systemtheoretischen Überlegungen hin entstand die Vorstellung, man könne den Bildungssystemen der Welt ihr eigentliches Tun spiegeln, um sie anzuregen. Auf welche Weise ein System reagiert, sobald die Anregung übersetzt ist, bleibt seiner operativen Geschlossenheit geschuldet dem System selbst überlassen. Das eigentliche Tun der Bildungssysteme, welches wir ihm spiegeln wollten, war daraufhin Gegenstand der Überlegungen. Dieses eigentliche Tun beruht Luhmann zufolge auf seinem Code. Der Code des Erziehungssystems ist ein binärer – nämlich der von einen Test bestanden, oder nicht; ein Zeugnis erhaltend, oder nicht; eine Karriere habend, oder nicht. Damit wurde deutlich, dass auch Inhalte, die man im Erziehungssystem den Zu-Erziehenden vermittelt, ihren Wert nicht aus der Bedeutung für die Entwicklung des Individuums erhalten, sondern dass ihr Karrierewert der bedeutsamere ist. Da es aber die Menschen sind, die mit ihren Entscheidungskommunikationen Systeme stiften und erhalten, erkannten wir daraufhin, dass Bildungssysteme kontignent sind – d.h. auch immer anders hätten entschieden und konstruiert werden können und dass durch die Spiegelung des binären Codes an das System zurück eine Veränderung der Bildungssysteme durchaus möglich ist. Durch Buckminster Fuller angeregt, vergrößerten wir daraufhin unsere Perspektive und forschten nach der Synergie als dem Verhalten von Systemen als Ganzes. Buckminster Fuller hieß uns die größtmögliche Perspektive einzunehmen und komprehensiv zu denken, d.h. Zusammenhänge zu erkennen und Folgen von Handlungen zu antizipieren. Also betrachteten wir die Lebensbedingungen der Menschheit auf der Erde und die Entwicklung der Ressourcen, auf die das Leben und der Erhalt unserer Art basieren. Dabei fiel auf, dass viele Ressourcen gar nicht knapp sind, dass unser Leben noch auf lange Sicht gesichert ist, wir nur mehr die ökologischen und nachhaltigen von den gefährlichen und unnachhaltigen Lösungen im Umgang mit Ressourcen unterscheiden lernen müssen. Es entstand daraufhin die Frage danach, warum dann überhaupt allerorts ein so pessimistisches Bild von der Entwicklung der Lebensbedingungen vorhergesagt wird und wem diese verunsichernden Szenarien eigentlich dienen. Was auffiel, war, dass die postulierte Knappheit der natürlichen Ressourcen nur einigen wenigen Institutionen dienlich ist, die davon profitieren, dass die Menschen, denen man diese Endlichkeit von natürlicher Umwelt einredet, einen eingebildeten Bedarf an Produkten und Dienstleistungen entwickeln. Solche Organisationen nannten wir manipulative Institutionen, weil sie den Menschen ein Bedürfnis nach ihren angebotenen Produkten oder Dienstleistungen einreden, weil sie sie zu unmündigen, unverantwortlichen und abhängigen Wesen degradieren. Da aber diese für unser Überleben essentiellen Ressourcen und Grundlagen in absehbarer Zeit nicht zur Neige gehen, haben wir Möglichkeiten, Wissen und Technologien und ausreichend Zeit, um den Fortbestand und die (Weiter-)Entwicklung der Menschheit intelligent zu denken und mögliche Änderungen anzuregen. Bisher haben wir die Erziehung der nachwachsenden Generation einer darauf spezialisierten Institution namens Schule überlassen. Ivan Illich hat uns dazu angeregt, die Schule zu hinterfragen. Dabei kamen wir mit ihm übereinstimmend zu der Erkenntnis, dass auch die Schule eine manipulative Institution sein kann, die ihren Nutzern einen Bedarf an ihren Dienstleistungen einredet. Schulen, die eine solche manipulative Institution sind, unterscheiden sich immens von solchen Institutionen, die die Möglichkeiten zur Entfaltung des Menschen erweitern, seine Handlungsfähigkeit bewahren und Kommunikation und Kooperation zwischen den Menschen ermöglichen. Somit wurde die Konzeption einer neuartigen Schulinstitution, die der Entwicklung und Entfaltung des Menschen dienlich sein sollte, zum Ziel dieser Arbeit. Die Modi, mit deren Hilfe wir die Entfaltung und Bildung des (jeden/nachwachsenden) Menschen realisieren, sind die Artikulation von Selbsttätigkeit durch den Einzelnen im Umgang mit seiner Lebenswelt und die Welt der gedanklichen Konstruktionen, die Artikulation von Selbstversorgung als unabhängige Gewährleistung von Reproduktion und die Artikulation von Selbstverantwortung als die nachhaltige, selbstreferentielle Reflexion von Handlungen. Zur Gestaltung dieser anderen Schule bedurfte es eines Modells, mit dessen Hilfe wir ganzheitlich und nachhaltig zu einem Konzept gelangen konnten. Unsere Modellwahl fiel dabei auf das Neunermodell namens Odyssee´s End© von Renate Girmes, weil wir seine Entwicklung mit verfolgen durften und es bereits mehrfach erfolgreich unter anderem auch für eine Interventionskonzeption angewendet haben. Deshalb gliederten wir unsere Überlegungen in solche zur Erziehungsprogrammatik, zu den Akteuren der Schule, des Bildungssystems und der Gesellschaft und zum Setting als hergestellte Räume, in denen Programmatik und

Akteure zusammenkommen. Teil der Erziehungspro-grammatik, die wir konzipierten, war die Entwicklung einer gemeinsamen Sprache aller Akteure durch die Al-phabetisierung der mosambikanischen Bevölkerung mit-hilfe des durch Paulo Freire entwickelten Alphabetisie-rungsprogramms. Ein weiterer war die Unterstützung der Entwicklung eines freien Wisllen. Hierbei bedienten wir uns erneut der Theorie Luhmanns, der uns verstehen ließ, dass Freiheit durch Fiktion zweier getrennter Syste-me, die einander ihre Vorstellung von Welt kommunizie-ren, entsteht. Alles, was Menschen sich also vorstellen und von deren Konstruktionen sie sich gegenseitig erzäh-len können, ist möglich, weil es denkbar ist. Diese Frei-heit als ein erhebendes Moment ist die wichtigste Grund-lage für das selbstverantwortete Sich-Bilden eines jeden Menschen. In dieser Erkenntnis bestärkte uns auch der ethische Imperativ von Foersters, demnach wir die Mög-lichkeiten zu handeln vervielfachen müssen, wenn wir Selbstreflexion und damit wahres Lernen unterstützen wollen. Eine Erziehungsprogrammatik sollte die Be-dingtheiten des Lebens der Menschen mit im Blick ha-ben, weswegen wir daraufhin die mosambikanische Wirk-lichkeit und die Bedingtheiten der dort lebenden Bevöl-kerung rekonstruierten, denn aus diesen Bedingtheiten ergeben sich erst die Aufgaben eines Lebens, auf das die Erziehung in Schulen vorbereiten sollte. Hierbei folgten wir der Theorie Hannah Arendts, die das Arbeiten, Her-stellen und Handeln und Sprechen zu den Aufgaben eines tätigen Lebens zählte. Aus der Notwendigkeit heraus, sich zu ernähren und zu reproduzieren, muss der Mensch ar-beiten. Eine Erziehungsprogrammatik in Mosambik, die das mit berücksichtigt, stattet die Zu-Erziehenden mit dem nötigen Wissen und den Werkzeugen aus, mit deren Hilfe sie sich ernähren und ihr Überleben nicht nur si-chern können, sondern mit deren Hilfe sie sich selbstver-sorgen und somit von teuren Nahrungsmittelimporten unabhängig machen können. Eine weitere Bedingtheit des Lebens in Mosambik ist die hohe Aids-Rate. Eine Erziehungsprogrammatik muss den Schutz vor der Ansteckung in den Fokus rücken. Dabei haben Erfahrungen in Uganda gezeigt, dass nicht neue Verhaltensweise implementiert werden sollten, die nur schwer anschlussfähig sind an die bestehenden Werte, sondern dass man vielmehr eine alte Verhaltensweise nämlich die Treue in Beziehungen postulieren und wiedererstarken lassen sollte. Uganda hat damit als einziges Land der Subsahara seine Aids-Rate und die Neuansteckungen senken können. Das ist deshalb ein vielversprechender Ansatz, weil in allen drei Weltreligionen die Treue in Beziehungen ein wichtiges Gebot ist und damit ein traditioneller Wert, der möglicherweise mehr Akzeptanz erfahren kann als die Verwendung von Kondomen während des Geschlechtsverkehrs. Ersteres zielt auf gänzliche Risikovermeidung, Letzteres lediglich auf Risikominimierung. Denken wir an den ethischen Imperativ von Foersters zurück, den wir mehrfach eingehend dargestellt haben, kommt einer Erziehungsprogrammatik, die die Verbreitung von AIDS minimieren will, die Aufgabe zu, den Zu-Erziehenden Möglichkeiten zur Ansteckungsvermeidung zu vervielfachen und ihnen so ein freies Handeln zu gewähren.. Der Mensch hat nun nicht mehr nur eine Möglichkeit, zu handeln, z.B. Kondome zu benutzen, sondern mehrere Möglichkeiten, nämlich: den ersten Geschlechtsverkehr hinauszuzögern; Geschlechtsverkehr mit nur einer Person (anstatt gleichlaufende Geschlechtsbeziehungen) zu haben; lange und treue Beziehungen zu führen; Sex für die Ehe aufzusparen; etc. Nachdem wir die Bedingtheiten Mosambiks auf diese Weise bearbeitet hatten, blieb als weitere wichtige Aufgabe der Menschen die Einübung der nachfolgenden Generation in die bestehende Welt und gleichzeitig die Gewährung ihres aktiven, tätigen Neubeginns in dieser Welt. Drei Tätigkeiten konnten wir als diese Lücke schließend herauskristallisieren: Re- und Dekonstruieren helfen dem Ankömmling, die ihn bei seiner Ankunft umgebende Welt nachzuvollziehen, zu verstehen, sich darin zurechtzufinden und gleichzeitig sie als kontingent, also veränderbar, nicht gegeben, sondern eben gemacht zu verstehen. Diese beiden Tätigkeiten sollten den Nachkommen dazu anregen, selbst und konstruierend tätig zu werden und diese Welt nach seinen Vorstellungen (und denen der mit ihm Ankommenden) neu zu setzen/zu verändern und produktiv darin aktiv zu werden. Das bedeutete, dass eine Erziehungsprogrammatik das Moment des Neubeginns und Neuschaffens durch die ankommende Generation mit im Blick haben und gleichzeitig unterstützen sollte. Wir gingen sogar so weit, zu sagen, das Neugeborene solle die Möglichkeit haben, so zu sein, wie es will. Ein besonderes Sein, wie wir mithilfe von Erich Fromms Theorie zum Gegensatz von Haben und Sein aufzeigen konnten: Wenn wir die Bildung als das selbstverantwortete Sich-Formen des Subjekts verstehen und eben nicht als das Formen der Menschheit, haben wir diese spezifische Qualität des Seins verdeutlicht. Es geht um die Ausformung und Ausbildung der Seinseigenschaften, die das Subjekt bereits veranlagt hat, für die es eine Hingabe hat. Eine Erziehungsprogrammatik, die dieser Qualität des Seins gerecht werden will, unterstützt die Bildung des Seins, als das Bilden dessen, wie das Subjekt sein will. Dem Lernenden muss Freiheit für sein Sich-Bilden gewährt werden. Die Zeiten, da die Zu-Erziehenden die Objekte von Erziehung sind, sollten demnach bald der Rekonstruktionsgeschichte von Bildungssystemen angehören. Stattdessen betonten wir, dass Bildungssysteme die Aufgabe haben, seine Akteure und Settings so zu organisieren, dass die Subjektbildung frei gewollt möglich ist. Subjektbildung sollte daher im Kern der Aufgabe aller Bildungssysteme und ihrer Ausdifferenzierungen stehen. Die Akteure, die innerhalb dieses Systems organisiert sind, definierten wir demnach als alle lehrenden und lernenden Subjekte einer Gesellschaft – nicht nur eines Bildungssystems. Die beiden Pole Belehrter und Lehrender hoben wir damit auf, denn in einer Lernsituation, wie wir sie konzipierten, ist jeder Mensch Subjektbildner. Dies brachte uns dazu, die Gesellschaft, zu deren Mitglieder Menschen sich bilden mögen, zu umreißen. Dabei konzentrierten wir uns auf die wichtigste Bedingtheit der menschlichen Gesellschaft auf der Erde:

nämlich die Sonne und entwickelten ein Konzept einer solaren Zivilgesellschaft, in der jeder Akteur eine Haltung des Verstehens, des Seins und des Teilens einnehmen sollte. Denn mit deren Hilfe wurde dezentrale Versorgung mit Energie, Nahrung, Wasser und anderen wichtigen Ressourcen denkbar. Diese teilende Haltung ist deshalb von enormer Bedeutung, weil sie die einzige Möglichmachung von wahrer Selbstversorgung weltweit ist – nur, wenn wir knappe Güter miteinander teilen, hat jeder zu einem bestimmten Zeitpunkt das Nötigste zur Verfügung. Damit wird die Knappheit des Guts obsolet. Für die Versorgung mit Strom zeigten wir mit dem aus der Logistik stammenden Tool ereignisgesteuerter Prozessketten einen direkten Zusammenhang zwischen der Nichtversorgung der ländlichen Gebiete und der Landflucht und dass daraus die hohe Kriminalität und Gewaltbereitschaft in den aus Wohnraummangel entstandenen Slums an den Rändern der Metropolen in den sogenannten Entwicklungsländern bedingt sind. Daraus erwuchs das Konzept eines selbstversorgten, energieautarken Lebensraums für Menschen in Mosambik, aber potentiell überall auf der Welt, in dem Strom dezentral und autonom mithilfe von Photovoltaikanalgen, Sonnenkollektoren, Windrädern, Biogasanalgen etc. in Mininetzen, sogenannten Micro-Grids, erzeugt und eingespeist werden kann. So begannen wir die Konzeption eines Settings als Lebensraum und Versorgungsgrundlage, das der Verortung der Erziehungsprogrammatik dient und den Akteuren einer solaren Zivilgesellschaft Raum gibt, in denen anregende Gegenstände und Phänomene – nämlich die die Versorgung und Entsorgung autark gewährleistenden Technologien u.a. – zur Verfügung stehen. Wir konzipierten das Format unserer Schule als eine Schule ohne Zeitbegrenzung, außer durch die Sonne, die seit jeher den Tagesablauf bestimmt. Auch ab welchem Alter und bis zu welchem Alter Menschen dieses Setting nutzen dürfen, reglementiert das Format nicht. Lernende sind Menschen, die sich bilden, sich formen wollen und haben kein begrenztes oder zu begrenzendes Alter. Eigenverantwortliche Projektarbeit auf individuelle Weise oder in kleinen Gruppen ist ein weiteres Merkmal des Formats unserer Schule, weil wir herausfanden, dass ein Großteil des späteren Auskommens auf die Landwirtschaft oder die Arbeit als Anbieter von Dienstleistungen realisiert wird. Wir konzipierten Schulen mit nur einer einzigen Klasse, die alle Menschen beherbergt. Wir gingen dabei davon aus, dass immer interessensbezogen und auf das affizierende Bildungsobjekt hin sich Gruppen formieren, eine gewisse Zeit gemeinsam arbeiten, dann auseinandergehen und sich neu bilden. Die Projektarbeit ist von selbstbestimmter Dauer. Die Beschäftigung mit den Bildungsgegenständen wird nicht benotet, sondern die Lernenden erstellen Portfolios mit ihren eigenen Reflexionen zu den Projekten. Warum haben wir hierbei auch der Interpenetration des Wirtschaftssystems Mosambiks Raum gegeben/bzw. das schulische Format danach ausgerichtet? Aus zwei Gründen: zum einen kann auch Mosambik sich nicht der Globalisierung entziehen und zum anderen strebt Mosambik selbst nach wirtschaftlichem Aufschwung. Dieses Streben muss jeder souveränen Nation zugestanden werden. Wenn also schon die Einflüsse von Wirtschaftssystemen auf Bildung so übermächtig sind, und die wirtschaftliche Entwicklung mithilfe der Bildung unterstützt werden solle, dann sollte das Bildungssystem Mosambiks wenigstens seiner eigenen Wirtschaft dienlich sein, und somit langfristig zur stetigen Unabhängigwerdung des Landes von Geberländern beitragen.

Als nächstes konzipierten wir den Gehalt des schulischen Settings. Dabei identifizierten wir zwei wichtige Gehalte: Orientierung und Werkzeuge. Ohne Orientierung ist der Zugang zum potentiell unendlich verfügbaren Wissen via Internat qua PC sinnlos, weil ohne Sinn, ohne geteilte Orientierung. Orientierung definierten wir als rückbesinnendes Vorwärtsstreben. Vorwärts orientieren sich die Lernenden aufgrund ihrer Bedingtheiten und der Aufgaben, denen sie sich stellen: selbsttätiges, selbstversorgendes und selbstverantwortetes Sich-Bilden. Der rückbesinnende Moment während des Orientierens sollte auf die vorkoloniale afrikanische Kultur mit ihrer identitätsbildenden Kraft zielen, denn hier erspürten wir ein ermächtigendes und stärkendes Moment durch das Heimischwerden in seiner Kultur. Auf dieses Verwurzelt-Sein in seiner Heimat aufbauend ist das Vorwärtsstreben potentiell selbstbewusster, motivierter, stringenter, anschlussfähiger, mutiger und reflektierbarer als ohne Bewusstsein für die eigene Identität oder Herkunft. Mithilfe dieser gemeinsam geteilten Orientierung wendeten wir uns dem Zugang zum potentiell unendlich verfügbaren Wissen via Internet zu. Nur sinnvolle Informationen werden an die eigene Biografie angeschlossen und somit zu Wissen. Aber noch ein zweiter Gehalt war für den Erfolg solcher PCierungs-Programme wie das in Ruanda nötig: Werkzeuge, mit deren Hilfe jedermann sich die Welt erschließen kann. Zu ihnen gehören auch sogenannte Kompetenzen wie das Lesen und Schreiben, da sie Schlüsselkompetenzen für den Zugang zu allumfassendem Wissen sind. Wir haben weiter oben vom Code des möglichen Wissens gesprochen, den man erst kennen und selbst beherrschen müsse, um daran teilzuhaben. Genau diese Kenntnis der Zeichen, die das unendlich verfügbare Wissen kodieren und das eigene Verwenden des Codes, sind Werkzeuge, die wir für unser Setting brauchten, im Sinne von die hergestellte Welt dekodierenden Wissensbausteinen. Die Vermittlung des Werkzeugs Sprache als das Instrument zur Teilhabe am Weltdiskurs durch Kenntnis und Nutzung seines Codes sollte mit dem Erlernen von Lesen und Schreiben in der jeweiligen Regionalsprache beginnen, denn diesen Code kennt und nutzt jedes Kind bereits. Das erfordert eine große Anzahl an Lehrern, die der jeweiligen Regionalsprache mächtig sind, könnte man erwidern. Allerdings hat die Alphabetisierungsprogrammatik nach Paulo Freire auf beeindruckende Weise verdeutlicht, dass es für das Entwickeln der Kompetenz Lesen und Schreiben keine Berufslehrer – also hochschulisch ausgebildete Fachlehrer – braucht, sondern dass vielmehr emphatische, kulturell interessierte Menschen gebraucht werden, die die generativen Wörter vor Ort, also dezentral herausfiltern und darauf aufbauend die Bilder lebenswichtiger Situationen mit den Bildern der Silben von Wörtern verbinden. Solche emphatischen, kulturell interessierten Menschen sind in jedem einzelnen Dorf anzutreffen, dessen sind wir uns sicher.

Nachdem wir das Format und den Gehalt unserer Schule vorgestellt hatten, widmeten wir uns ihrer Gestalt. Auf Basis der Ressourcen, die für eine neugedachte Schule in Mosambik zur Verfügung stehen, entwickelten wir ein Konzept zur Herstellung/Erbauung/Versorgung dieser Schule und benannten gleichzeitig die Phänomene und Bildungsgegenstände, an denen die Lernenden sich interessieren, von denen sie sich anziehen und zu aktivem Selbsttätigsein anregen lassen sollten. Die Motivation für das Tätigsein und Aktivsein mit den Bildungsgegenständen ist ein sich im Spannungsfeld zwischen dem Lernenden (weil er Zeit und Raum hat, sich zu interessieren und damit zu beschäftigen) und dem Bildungsgegenstand (weil er Anregung erzeugt) entwickelndes Moment. Also begannen wir mit der Bauplanung. Da die Schule selbstversorgend existieren sollte, berechneten wir zuerst den absoluten Höchstenergiebedarf auf Basis von 400 Laptops, die zehn Stunden an 300 Tagen pro Jahr in Betrieb sein könnten. Dass es zu einer solch hohen Auslastung wahrscheinlich nicht kommen wird, war uns dabei klar, dennoch hielten wir es für angemessen, eher einen Energieüberschuss zu erzeugen, den man mit z.B. anderen Bewohnern im Lebensraum teilen könnte, als die Photovoltaikanlage, die die Energiegewinnung gewährleisten wird, zu klein zu konzipieren. Um die absolute Höchstenergiemenge von 192 Megawatt pro Jahr zu erzeugen, braucht es eine Photovoltaikanlage von 7 Kilowattpeak Leistung und eine Solarzellenfläche von ca. 19 Quadratmetern, die man auf einem Schuldach installiert. Um den durch Solarenergie erzeugten Strom für den Betrieb der Laptops nutzen zu können, benötigt man weiterhin einen Wechselrichter, der besonders hohe Leistungsschwankungen aushält und somit für den Betrieb von sogenannten Inselanlagen geeignet ist. Die Kosten hierfür werden ca. 3500 Euro betragen. Wie hoch die Kosten für die Photovoltaikanlage sein werden, ist Forschungsfrage, die wir nicht beantworten konnten, weil die Technologie der Solarzellen einer immerwährenden Entwicklung unterliegt, d.h. Wirkungsgrade werden stetig erhört, Materialien verbessert etc. Nachdem wir die Stromversorgung der Schule konzipiert hatten, stellten wir die Bauweise der Gebäude vor, wie sie in Mosambik funktionell, kostensparend und nachhaltig sein würde. In sogenannter Wabenbauweise gebaut würde man den Materialeinsatz enorm verringern. Man könnte einheimisches Material wie beispielsweise Bambus verwenden. Welche Materialien für den Bau in dieser Weise genau geeignet und vor Ort beziehbar wären, ist eine weitere Forschungsfrage, die es zu beantworten gilt. Trotz des sparsamen Materialeinsatzes sind Wabenhäuser sehr stabil und einzelne Wabenhäuser können beliebig durch weitere ergänzt werden. Die Bedachung solcher Gebäude ist ebenfalls durch uns beschrieben worden. Indem man die Dachbeläge so gegeneinander baut, dass zwischen ihnen eine Spalte bleibt, sorgt man für Selbstbelüftung der Räume. Die von den Nutzern aufgeheizte, sauerstoffarme Luft steigt empor und entweicht durch den schräggebauten Spalt zwischen den zwei Ebenen des Daches. Durch den Sog, der dabei entsteht, dringt kühlere, sauerstoffreichere Luft von außen durch die Fenster hinein. Ein Hereinregnen durch die glaslosen Fenster wird vermieden, indem man den Dachüberstand vergrößert hat und die Höhe des Daches an ihrer niedrigsten Stelle verkleinert hat. Somit entstehen gleichzeitig außerhalb des Gebäudes wichtige Schattenplätze, die bepflanzt werden und zur Entspannung oder als weitere Lernräume fungieren. Als nächste wichtige Etappe auf dem Weg zur Selbstversorgung beschäftigten wir uns daraufhin mit der Wasserversorgung und Abwasserentsorgung, die durch einen solarbetriebenen Trinkwasserbrunnen und eine Dreikammerkläranlage mit Pflanzenklärung bewältigt werden soll. Damit hatten wir die Gestalt der Schule beschrieben und widmeten uns im Anschluss daran ihrem Impuls, der eng mit den Gegenständen und Phänomenen der Gestalt des Settings verbunden ist. Der Impuls unserer Schule liegt in der anregenden Wirkung, die die Gegenstände und Technologien, die die Selbstversorgung der Schule gewährleisten, auf die Nutzer des Settings haben. Die Gegenstände werden zu Bildungsgegenständen, sobald Menschen in der Schule mit ihnen tätig sind, sobald Menschen lernen, sich mit ihrer Hilfe selbst zu versorgen und ihr gesundes Leben zu gewährleisten, sobald aus der Reflexion des selbstverantworteten Tuns mit den Gegenständen Menschen wachsen, sich erheben und eine Stimme erhalten. Darin vollzieht sich das Sich-Bilden von Menschen.

Wenn in einem Dorf

- ein auf diese Weise konzipiertes Setting hergestellt, genutzt und gewartet wird,

- in ihm Raum für die Erziehungsprogrammatik gegeben wird, die die Menschen befähigt die Aufgaben, die sich aus ihren Bedingtheiten ergeben, zu bearbeiten,

- sich in dieser Schule Akteure einer Zivilgesellschaft begegnen und miteinander interagieren,

- jeder Mensch, der ein spezifisches Wissen hat, in diesem Setting zum Lehrenden werden kann, ohne dafür zertifizierter Lehrer sein zu müssen,

- in dem Setting Technologien, die die Selbstversorgung gewährleisten, zu Bildungsgegenständen gemacht werden, an denen interessierte Menschen sich bilden können,

dann ist die Frage danach, ob ein Dorf genügt, um ein Kind zu erziehen – oder besser gesagt „to raise a child" – mit Ja zu beantworten, und wir haben gezeigt, auf welche Weise.

Literaturverzeichnis

Altman, Irwin/ **Chemers**, Martin M. (1980): Culture and Environment. University of Cambridge: Cambridge.

Arendt, Hannah (1981): Vita activa oder vom tätigen Leben. Piper Verlag: München und Zürich.

Canetti, Elias (1990): Masse und Macht. Fischer: Frankfurt am Main.

Baecker, Dirk (1999): Die Organisation als System. Suhrkamp: Frankfurt am Main.

Bermes, Christian (1997): Philosophie der Bedeutung. Bedeutung als Bestimmung und Bestimmbarkeit. Eine Studie zu Frege, Husserl, Cassirer und Hönigswald. Königshausen: Würzburg.

Buckminster Fuller, Richard (2008): Bedienungsanleitung für das Raumschiff Erde und andere Schriften. Bd. 137. Fundus-Bücher: Hamburg.

Bruner, Jerome (2000): Acts of Meaning. Harvard University Press: Cambridge.

Eichelberger, Harald/ **Wilhelm**, Marianne (2000): Der Jenaplan heute. Eine Pädagogik für die Schule von morgen. Studien-Verlag: Innsbruck.

Faber, Malte/ **Manstetten**, Reiner (2003): Mensch Natur Wissen. Grundlagen der Umweltbildung. Vandenhoek und Ruprecht: Göttingen.

Franck, Georg (2007): Ökonomie der Aufmerksamkeit. Ein Entwurf. Deutscher Taschenbuch Verlag: München.

Freire, Paulo (1977): Erziehung als Praxis der Freiheit. Beispiele zur Pädagogik der Unterdrückten. Rowohlt: Reinbek.

Freire, Paulo (1991): Pädagogik der Unterdrückten. Bildung als Praxis der Freiheit. Rowohlt: Reinbek.

Fromm, Erich (1976) und (37. Aufl. 2010): Haben oder Sein. Die seelischen Grundlagen einer neuen Gesellschaft. Deutscher Taschenbuch Verlag: München.

Geertz, Clifford (1987): Dichte Beschreibung. Beiträge zum Verstehen kultureller Systeme, Suhrkamp: Frankfurt.

Girmes, Renate (1997): Sich zeigen und die Welt zeigen. Bildung und Erziehung in posttraditionalen Gesellschaften. Leske und Budrich: Opladen.

Habermas, Jürgen (1990): Strukturwandel der Öffentlichkeit. Untersuchungen zu einer Kategorie der bürgerlichen Gesellschaft. Mit einem Vorwort zur Neuauflage. Suhrkamp: Frankfurt.

Hasler Roumois, Ursula (2007): Studienbuch Wissensmanagement: Grundlagen der Wissensarbeit in Wirtschafts-, Non-Profit- und Public-Organisationen. Orell Füssli: Zürich.

Heimbucher, Bendit (1979): Von Paulo Freire lernen. Ein neuer Ansatz für Pädagogik und Sozialarbeit. Juventa: München.

Heydorn, Heinz Joachim (1980): Ungleichheit für alle. Bildungstheoretische Schriften Bd. 3, Suhrkamp: Frankfurt.

Horster, Leonard/ **Rolff**, Hans-Günter (2001): Unterrichtsentwicklung. Grundlagen, Praxis, Steuerungsprozesse. Beltz: Weinheim.

Illich, Ivan (1971): Deschooling Society. Penguin Books: Harmondsworth.

Illich, Ivan (1995): Entschulung der Gesellschaft. Eine Streitschrift. Beck: München.

Jacob, Susanne (2008): Bildung als Bewusstwerdung: die Pädagogik Paulo Freires. Paulo Freire Verlag: Oldenburg.

Klafki, Wolfgang (1984): Neue Studien zur Bildungstheorie und Didaktik: zeitgemäße Allgemeinbildung und kritisch-konstruktive Didaktik. 4. Durchges. Auflage. Beltz: Basel und Weinheim.

Klingberg, Lothar (1989): Einführung in die Allgemeine Didaktik. Vorlesungen. Volk und Wissen: Berlin.

Kruse, L./ **Graumann**, C.-F./ **Lantermann**, Ernst-Dieter (1990): Ökologische Psychologie. Ein Handbuch in Schlüsselbegriffen. Psychologie Verlags Union: München.

Latour, Bruno (2000): Die Hoffnung der Pandora. Untersuchungen zur Wirklichkeit der Wissenschaft, Suhrkamp: Frankfurt/Main.

Littig, Beate (Hg.) (1998): Ökologie und soziale Krise. Wie zukunftsfähig ist die Nachhaltigkeit. Verband Wiener Volksbildung: Wien.

Lomborg, Björn (2002): Apocalypse No! Wie sich die menschlichen Lebensgrundlagen wirklich entwickeln. Zu Klampen: Lüneburg.

Luhmann, Niklas (1987): Soziale Systeme. Grundriss einer allgemeinen Theorie. Suhrkamp: Frankfurt.

Luhmann, Niklas (1991): Soziale Systeme. Grundriss einer allgemeinen Theorie. Suhrkamp: Frankfurt.

Luhmann, Niklas (1997): Die Gesellschaft der Gesellschaft. Suhrkamp: Frankfurt.

Luhmann, Niklas (2002): Das Erziehungssystem der Gesellschaft. Suhrkamp: Frankfurt.

Luhmann, Niklas/ **Baecker**, Dirk (Hrsg.) (2002): Einführung in die Systemtheorie. 3. Auflage, Carl-Auer-Systeme: Heidelberg.

Luhmann, Niklas (2004): Ökologische Kommunikation. Kann die moderne Gesellschaft sich auf ökologische Gefährdungen einstellen? Verlag für Sozialwissenschaften: Wiesbaden.

McLuhan, Marshall (1995): Die magischen Kanäle. Understanding Media. Verlag der Kunst: Dresden.

Mead, George Herbert (1973): Bedeutung. In: Steinert, H. (Hrsg.): Symbolische Interaktion. Klett: Stuttgart.

Meggle, Georg (Hg.) (1979): Handlung, Kommunikation, Bedeutung. Suhrkamp: Frankfurt.

Meyer, Hilbert (1987b): UnterrichtsMethoden II: Praxisband, Suhrkamp: Frankfurt.

Raetz, Karlheinz (2001): die solare bürgergesellschaft – eine reale utopie. Raecon: Braunschweig.

Reich, Kersten (2006): Konstruktivistische Didaktik. Lehr-und Studienbuch mit Methodenpool. Beltz Verlag: Weinheim u. Basel.

Retter, Hein (Hrsg.) (1993): Jenaplan-Pädagogik als Chance. Kindgerechte Schulpraxis im Zeichen europäischer Verständigung. Klinkhardt: Bad Heilbrunn.

Reuter, Lutz R./ **Castiano**, José P. (1995): Das Bildungssystem in Mosambik: Strukturen, Probleme, Perspektiven. Universität der Bundeswehr: Hamburg.

Reuter, Lutz R./ **Scheunpflug**, Annette (2006): Die Schule der Freundschaft. Eine Fallstudie zur Bildungszusammenarbeit zwischen der DDR und Mosambik. Waxmann: Münster.

Riggemann, Konrad (2006): Escola nova – escola ativa. John Deweys Pädagogik am Beispiel ihrer Rezeption in Brasilien. Paulo Freire Verlag: Oldenburg.

Rutter, M./ **Maughaun**, B./ **Mortimer**, P./ **Ouston**, J. (1980): Fünfzehntausend Stunden. Schulen und ihre Wirkung auf Kinder. Beltz: Weinheim und Basel.

Schön, Donald A. (1983): The reflective practitioner. How professionals think in action. Basic Books: New York.

Schön, Donald A. (1991): The reflective turn. Case studies in and on educational practice. College Press: New York.

Spencer-Brown, George (1997): Laws of Form - Gesetze der Form. Bohmeier-Verlag: Lübeck.

Sterman, J.D. (2000): Business Dynamics – System Thinking and Modeling for a Complex World. McGraw-Hill: Boston.

Tenorth, H.-E (Hrsg.) (2003): Klassiker der Pädagogik 2. Von John Dewey bis Paulo Freire. Beck: München.

Thomas, William et Dorothy (1973): Die Definition der Situation. In: Steinert, H. (Hrsg.): Symbolische Interaktion. Klett: Stuttgart.

Tselepis, Stathis (2003): Electrification with solar powered mini-grids. A case study for the island of Kythnos. Center for Renewable Energy Sources: Athen.

Vester, Frederic (2002): Die Kunst vernetzt zu denken. Ideen und Werkzeuge für einen neuen Umgang mit Komplexität. Deutscher Taschenbuch Verlag: München.

v. Foerster, Heinz/ **Pörksen**, Bernhard (1998): Wahrheit ist die Erfindung eines Lügners. Gespräche für Skeptiker. Carl-Auer-Systeme: Heidelberg.

v. Hentig, Hartmut (1996): Bildung. Ein Essay. Carl Hanser: München.

v. Hentig, Hartmut (1970): Systemzwang und Selbstbestimmung. Über die Bedingungen der Gesamtschule in der Industriegesellschaft. Ernst Klett: Stuttgart.

Weinstein, Carol Simon/ **David** Thomas (1987): Spaces for Children. The Built Environment and Child Development. Plenum Press: New York und London.

Weffort, Francisco (1977): Erziehung und Politik. Soziologische Reflexionen über eine Pädagogik der Freiheit. in: **Freire**, Paulo (1977): Erziehung als Praxis der Freiheit. Beispiele zur Pädagogik der Unterdrückten. Rowohlt: Reinbek.

Wolff, Stephan (1995): Gregory Bateson & Margaret Mead: "Balinese Character"- Qualitative Forschung als disziplinierte Subjektivität. In: U. Flick/ E. v. Kardorff/ H. Keupp/ L. v. Rosenstiel/ S. Wolff (Hg.): Handbuch Qualitativer Sozialforschung. Psychologie Verlags Union: München.

Unveröffentlichte Quellen

Girmes, Renate (2008): Das Neunermodell. Unveröffentlichte Präsentation im Rahmen des Master-Studiengangs Cultural Engineering an der Otto-von-Guericke Universität. Modul „Handlung und System II". Folien 43-48. Magdeburg.

Magazine, Zeitschriften und Zeitungen

Ipublic – Nr.1, 2000: Energie, Initiative Psychologie im Umweltschutz (IPU) e.V.

Ipublic – Nr. 11, 2008: Bildung für nachhaltige Entwicklung

Füller, Christian (2002): Das verschwundene Klassenzimmer. Das "Futurum" in der kleinen schwedischen Stadt Bålsta ist die Schule des 21. Jahrhunderts. Die Fiktion der Schulklasse ist dort aufgelöst. An ihre Stelle tritt eine multifunktionale Lernlandschaft für Schüler aller Begabungen und jeder Altersstufe. In: TAZ, Nr. 375 vom 06.02.2002 S. 14

Konferenz-Reader
Biogasnutzung in der regionalen Energieversorgung, IRB Literatur Auslese 2168, IRB Verlag: Stuttgart.

Gärtner, Edgar: Was ist nachhaltig? Vorgeschichte, Verlauf und Ergebnisse der Bundestags-Enquête „Schutz des Menschen und der Umwelt".

Heinrich Böll Foundation: The Jo´burg Memo. Memorandum for the World Summit on Sustainable Development.

Montoya, Claudia Villalobos: Best Practise Studies. Energy Sustainable Communities. Experiences, Success Factors and Opportunities. Otto-von-Guericke-Universität Magdeburg.

Schweizer-Ries, Petra/ **Basch**, Stefanie/ **Jagszent**, Janina (2007): Energy sustainable communities – social and psychological aspects. Solar Energy Conference: Paris.

Schweizer-Ries, Petra et **Montoya**, Claudia Villalobos (2004): Involvement of end-users in multi-user solar hybrid grids – implications for professionals in the field. Solar Energy Conference: Paris.

Internetquellen
www.initiativejetzt.wordpress.com – letzter Zugriff am 07.03.2011

www.initiativejetzt.wordpress.com/theoretische-lesarten – letzter Zugriff am 11.03.2011 www.ethnologue.com: Lewis, M. Paul (ed.), 2009. Ethnologue: Languages of the World, Sixteenth edition. Dallas, Tex.: SIL International. Onlineversion – letzter Zugriff am 07.03.2011

http://www.kkmosambik.de/mosinfo/mosinfoindex.html – letzter Zugriff am 07.03.2011

http://liportal.inwent.org/mosambik/gesellschaft.html – letzter Zugriff am 07.02.2011

http://data.worldbank.org/indicator/SP.DYN.LE00.IN/countries/MZ?display=graph – letzter Zugriff am 21.03.2011

http://data.worldbank.org/country/mozambique – letzter Zugriff am 21.03.2011

http://www.undp.org – letzter Zugriff am 21.03.2011

http://www.datenbank-europa.de/erdkunde/staaten/d.htm – letzter Zugriff am 18.05.2011

http://www.baulinks.de/sanitaer/1frame.htm?umwelttechnik.htm – letzter Zugriff am 03.06.2011

http://www.connectingcontinents.de/fileserver/ar04004 9/filesdb/Erfahrungsbericht%20komplett%20neu.pdf – letzter Zugriff am 03.06.2011

http://de.consenser.org/node/2355 – letzter Zugriff am 18.04.2011

http://de.consenser.org/consenser/795 – letzter Zugriff am 18.04.2011

http://www.indexmundi.com/de/mosambik/hiv_aids_rate_der_erwachsenen.html – letzter Zugriff am 03.05.2011 https://www.cia.gov/library/publications/the-world-fact-book/rankorder/2155rank.html?countryName=Mozambi que&countryCode=mz&regionCode=af&rank=8#mz – letzter Zugriff am 03.05.2011

http://www.newparadigmfund.org/research/green-WKKFpresentation-091907.pdf – letzter Zugriff am 03.05.2011

http://data.worldbank.org/indicator/SH.DYN.AIDS.ZS/c ountries/UG-MZ?display=graph – letzter Zugriff am 03.05.2011

http://www.et-energie-onl-ne.de/index.php?option=com_content&view=article&id =57:herausforderungen-der-afrikanischen-energiewirtschaft&catid=12:international&Itemid=27 – letzter Zugriff am 18.05.2011

http://www.detail.de/artikel_academy-for-girls-lilongwe-studio-mda_25140_De.htm – letzter Zugriff am 03.06.2011

http://re.jrc.ec.europa.eu/pvgis/apps4/PVcalc.php – letzter Zugriff am 03.06.2011

http://www.greentech-germany.com/photovoltaik-fuer-afrika-gehrlicher-solar-ag-installiert-off-grid-anlage-im-kongo-a15674/ – letzter Zugriff am 03.06.2011

http://www.wind-energie.de/de/windenergie-in-der-region/bundeslaender/sachsen-anhalt/aktuelles-aus-der-region/article/teutloff-kompetenzzentrum-fur-erneuerbare-energien-in-barby/24/ – letzter Zugriff am 03.06.2011

http://www.sma.de/de/produkte/insel-wechselrichter/sunny-island-5048-5048-us.html - letzter Zugriff am 03.06.2011